KB194074

# 거석의 문화사

## - 지석묘와 거석신앙 -

## A Biography of Megaliths

### - Dolmen & Megalith Faith -

배진성 **지음**

진인진

거석의 문화사 -지석묘와 거석신앙-

초판 1쇄 발행 | 2025년 1월 5일

지은이 | 배진성
편    집 | 배원일, 김민경
발행인 | 김태진
발행처 | 진인진
등    록 | 제25100-2005-000003호
주    소 | 경기도 과천시 관문로 92, 101-1818
전    화 | 02-507-3077-8
팩    스 | 02-507-3079
홈페이지 | http://www.zininzin.co.kr
이메일 | pub@zininzin.co.kr

ISBN 978-89-6347-622-3 93910

* 이 저서는 2024년 부산대학교 인문학연구소의 지원을 받아 수행된 연구임.

* 이 저서에서 국외 사례 부분은 2022年度 国際交流基金 日本研究フェローシップ「学者·研究者(短期)」事業에 의해 수행되었음.

# 들어가며

지석묘는 지상에 큰 바위처럼 우뚝 서 있는 '상석'을 통해 인식된다. 오랜 세월 동안 변치 않는 모습으로 존재해 온 이 거석은 선사인들의 무덤인 동시에 후대 사람들에게는 민간신앙의 대상물로서 일상생활과 밀착되어 온 존재이다. 이 책은 청동기시대의 지석묘가 고대 및 중근세를 거쳐 오늘날에 이르기까지 사람들에게 어떻게 인식되어 왔는지를 살펴본 것으로, 지석묘 상석을 주인공으로 한 일대기, 즉 전기(傳記)이다.

　　최근 대학사회에서는 미래사회를 이끌어갈 융합인재 양성이라는 기치 아래 인문사회계열과 이공계열과의 융합이 강조되고 있다. 이로 인한 파도가 그렇지 않아도 위태로운 인문학을 더 위축시키지 않을까 하는 불안감도 든다. 기우였으면 좋겠다. 그래도 고고학 분야에서는 예전부터 방사성탄소연대측정을 필두로 하여 자연과학과의 융합적 연구가 실시되어 왔다. 고고학 발굴보고서에 자연과학적 분석 내용이 첨부되는 것도 이제는 보편화되고 있어, 이미 이러한 시대적 요구에 부응하고 있다.

　　그런데 한편으로는 인문사회계열 내에서의 학문 분야 간 협업이 어쩌면 더 필요하지 않을까 한다. 문헌사학은 물론이고 민속학이나 인류학 등은 고고학과 매우 인접한 학문임에도 서로 간의 공감대는 약한 것 같다. 특히 거석기념물에 대해서는 그것이 형성된 시대와는 무관하게 근현대사회에서도 나름의 기능이 있어서 인류학이나 민속학의 연구 성과도 많다. 선사시대에 형성된 거석기념물이 후대 사람들에게 어떻게 인식되고 활용되었는지를 파악하기 위해, 선사고고학자인 저자가 다소 어설프더라도 근현대사회에 더 많은 비중을 할애한 까닭이다. 그러다보니 인문사회계열 내에서 인접 분야 간의 융합적이고 상호보완적인 연구의 필요성이 더 절실하게 느껴졌다.

이 책은 고고학이나 민속학 및 문화인류학의 연구자는 물론 일반대중들도 그리 어렵지 않게 다가갈 수 있는 내용으로 이루어져 있다. 그래서 학술서이기는 하지만 전문학술용어는 가급적 최소화하면서 근현대고고학과 민속자료와의 연결성을 환기시키고 싶었다.

마침 일본 국제교류기금(The Japan Foundation)의 지원으로 2022년 12월부터 2023년 2월까지 일본 문화인류학의 심장부라고 할 수 있는 국립민족학박물관에서 외래연구원으로 있게 되었다. 그때 거석문화에 대한 세계 각지의 연구를 조금씩 접하면서 민속 현장조사도 일부 체험할 수 있었다. 해외연수의 기회를 제공해 준 국제교류기금, 연구 수행에 여러모로 배려해 준 국립민족학박물관의 池谷和信, 諸昭喜, 神野知惠 교수에게 진심으로 감사드린다.

그리고 부산대학교 인문학연구소의 발간 지원으로 이 책을 마무리하는데 힘을 낼 수 있었으며, 고고학의 발전과 대중화에 열정적인 진인진 측에도 고마움을 표하고 싶다.

## 자료 도움

〈기관〉
경기도박물관
경남대학교박물관
국가유산청 국가유산포털
국립김해박물관
국립나주문화유산연구소
대성동고분박물관
동북아지석묘연구소
동의대학교박물관
부산대학교박물관
삼강문화재연구원
세종대학교박물관
영남대학교박물관
영남문화재연구원
아라가야향토사연구회
우리문화재연구원
울산문화재연구원
함안박물관
호남문화재연구원

〈개인〉
강나리(부산대학교박물관)
손준호(고려대학교 문화유산융합학부)
송영진(경상국립대학교박물관)


(가다나 순)

# 자료 출처

그림 1~3, 5, 6: 해당 보고서

그림 4, 8: 저자 작성

그림 7: 櫻井準也, 2004,「遺物の創造力 −傳說の生成に關わる遺構·遺物−」,『時空
をこえた對話 −三田の考古學−』慶應義塾大學民族學考古學專攻設立
25周年記念論集, 慶應義塾大學文學部民族學考古學研究室編, 六一書
房, 218쪽 제1도

사진 1, 32, 37, 63: 국가유산청 국가유산포털

사진 2: 강나리 제공

사진 3~10, 12~17, 20, 22, 53, 74, 75, 88: 해당 보고서

사진 7, 8의 암각화: 2010년 촬영

사진 9의 오른쪽: 2024년 촬영

사진 11: 세종대학교박물관 제공

사진 18: 영남문화재연구원 제공

사진 19: 영남대학교박물관 제공

사진 21: 우리문화재연구원 제공

사진 23: 동의대학교박물관 제공

사진 24, 30, 36, 57, 58, 62, 66, 73: 경기도박물관 제공

사진 25, 41: 경남대학교박물관 제공

사진 26: 울산문화재연구원 제공

사진 27: 호남문화재연구원 제공

사진 28, 34, 43, 69, 70: 아라가야향토사연구회 제공

사진 29, 33, 38, 40, 44, 45, 49~51, 54, 55, 60, 65: 2024년 촬영

사진 31: 2022년 촬영

사진 35, 42, 71: 동북아지석묘연구소 제공

사진 39, 47, 48, 59, 61, 64, 76, 79~84, 86, 87: 국립나주문화유산연구소 제공

사진 46: 대성동고분박물관 제공

사진 52: 부산대학교박물관 제공

사진 56: 손준호 제공

사진 67, 72: 함안박물관 제공

사진 68: 삼강문화재연구원 제공

사진 77: 송영진 제공

사진 78: 2011년 촬영

사진 85: 2018년 촬영


- 게재허가를 구한 것에는(유선상 허가 포함) 해당 기관 및 개인을 명기하였다.
- 별도의 게재허가를 필요로 하지 않는 발굴보고서의 도면과 사진은 '해당 보고서'라고 하였으며, 상세는 개별 캡션과 참고문헌에 있다.
- 발굴보고서 사진 중 원본컬러사진을 별도로 받은 경우에는 해당 기관을 명기하였다.

# 목차

## 그림 차례

## 사진 차례

# I. 머리말

고고학에서 다루는 유적과 유물은 그것이 만들어진 시대에 사용되고 폐기되는 것이 대부분이다. 유물은 일부의 전세품(傳世品)을 제외하고는 대부분 사용 도중에 파손되어 폐기되거나 시간이 지나면서 매몰되어 사람들의 시야에서 보이지 않게 된다. 그에 비해 청동기시대 지석묘·삼국시대 고총고분·조선시대 왕릉·성곽 등은 지금까지도 원래의 모습으로 남아 있는 것이 있다. 오래 전에 만들어진 이러한 지상의 구조물은 후대의 사람들에게 어떻게 인식되고 활용되었을까? 성곽이나 고려·조선시대의 왕릉은 옛날의 방어시설이나 왕의 무덤으로 인식되면서 보존되고 있지만, 그보다 훨씬 이전에 형성된 대규모 구조물은 만들어진 당시의 목적과 용도가 그대로 유지될까? 고고학이라는 학문이 없었던 고려시대나 조선시대 사람들은 신라나 가야의 고총고분을 어떻게 생각하였을까? 고대 왕의 무덤이라고는 생각지도 못했을 것이다.

삼국시대 고분보다 훨씬 오래 전에 만들어진 고인돌, 즉 지석묘는 지금도 곳곳에 남아 있다. 청동기시대를 대표하는 무덤인 지석묘는 학문적으로는 매우 다양하고 복잡하게 분류될 수 있지만, 일반적으로는 지상에 드러나 있는 큰 바윗돌인 상석(上石), 이것을 받치는 받침돌에 해당하는 지석(支石), 그 아래의 무덤방으로 이루어져 있다. 지석묘 상석은 큰 돌로 되어 있어서 오랜 세월 속에서도 원래의 모습을 유지한 채 경관의 한 부분을 이루면서 존재해 왔다. 그렇다면 지석묘 상석은 청동기시대 이후의 사람들에게는 어떻게 인식되었을까? 삼국시대는 물론 그 이후에도 지석묘 상석은 눈에 띄었을 것인데, 당시 사람들은 반듯한 모양의 큰 바윗돌처럼 보이는 이것이 선사시대 무덤의 표지물이라고는 상상조차 못했을 것이다. 우리나라에서 지석묘는 20세기 초에 와서야 선사시대의 무덤으로 인식되기 시작하였다. 그 이전에는 마을 차원의 제사를 지내거나 개인적으로 소원을 비는 장소로 이용되었으며, 그러한 민간신앙적인 성격은 지금도 이어지고 있다.

근현대사회에서 큰 바위를 비롯하여 입석(立石)이나 지석묘 상석처럼 어느 정도 반듯한 모양을 갖춘 거석(巨石)은 숭배의 대상물로서 신성시되는 경우가 많다. 대자연 속에서 인간은 너무나 작은 존재인 반면 거석은 거대하고 웅장하다. 인간의 생명은 유한하지만 거석은 시간이 흘러도 변치 않고 영원하기 때문에 어떤 영적인 힘이 있을 것이라고 믿어져 왔다. 그래서 거석을 이용한 구조물은 축조 당시와는 기능이나 맥락에 차이가 있지만 시대를 관통하여 늘 사람들에게 어떤 특별한 대상으로 여겨져서 존재 그 자체가 나름의 역사적·문화적 가치를 지니게 되었다.

이에 대한 연구는 특정 학문에 한정되지 않고 고고학·인류학·민속학 등 여러 분야에 걸쳐 있다. 거석을 이용한 구조물, 즉 거석기념물이 처음 형성된 시점이 선사시대라고 하더라도 근현대의 사람들에게 어떤 식으로든 활용되었다면 그것은 고고자료인 동시에 민속자료이기도 하다. 큰 바위에 치성을 올리며 소원을 비는 장면을 소설이나 드라마에서 흔히 볼 있듯이, 거석신앙은 문학작품 및 드라마나 영화의 소재로도 활발히 이용되고 있어 첨단과학기술시대인 오늘날에도 우리의 삶과 동떨어져 있지 않다.

이 책은 이러한 생각을 바탕으로 하여 지석묘 상석 혹은 그렇게 추정되는 거석이 선사시대부터 현대사회에 이르기까지 사람들에게 어떻게 인식되고 활용되어 왔는지를 살펴본 것이다. 청동기시대 유적의 발굴조사에서도 무덤방 없이 상석만 설치된 이른바 제단지석묘가 종종 확인된다. 삼국시대의 경우 지석묘 상석 아래에 있는 무덤방을 재이용한 무덤이 호남지역을 중심으로 확인되며, 통일신라시대 이래로는 상석에 접하여 설치된 돌무지 시설이 드러나기도 하고 의례에 사용된 도자기편이나 기와편이 출토되는 유적도 적지 않다. 조선시대 및 근현대에는 여러 전설과도 결합되면서 민간의 삶과 더욱 밀착된 모습이 엿보인다. 이하에서는 이러한 내용들을 구체적으로 살펴보면서 지석묘 본래의 축조 목적이나 기능과는 무관하게 후대 거석신앙의 대상물로 재활용된 양상에 주목해 보고자 한다.

일반적으로 고고학적 자료는 재질이나 모양, 제작기법 및 연대, 기능과 용도 등을 중심으로 논의되지만, 그러한 주제의 이면에는 인간의 마음이 내재되어 있다. 의도한 모양으로 만들기 위한 재료의 선택과 그에 필요한 제작공정 및 사용방식에는 인간의 인지(認知)가 반영되며, 나아가 물질자료의 사회적 기능이나 의미가 형성되는 데에도 인간의 인지가 개입하기 때문이다. 인간은 지석묘 상석이라는 거석에 대해 어떠한 마음을 품어 왔는가? 그것은 어떻게 변화하여 오늘날에 이르렀으며 앞으로는 어떻게 될까? 선사시대부터 오늘날까지 여전히 우리의 생활 속에 함께 하고 있는 지석묘 상석과 같은 거석기념물의 일대기, 즉 전기(傳記)를 살펴보자.

# II. 유적·유물에 대한 후대의 인식

## 1. 인식의 다각화

지상에 드러나 있는 옛 기념물 대부분이 그렇듯 지석묘 역시 지금은 상당수가 소멸되어 원래의 분포상을 파악하기에는 많은 한계가 있다. 그럼에도 불구하고 지석묘는 현재에도 전국 곳곳에 남아 있으며, 발굴 조사를 통해 다수의 지석묘가 특정의 구역에만 모여 있거나 열(列)을 이루어 분포하는 모습도 확인된다.

　　한반도에서 지석묘가 선사시대의 무덤으로 알려지기 시작한 것은 불과 100여년 전부터였다(鳥居龍藏 1917; 1926). 지석묘를 옛 무덤으로 바라본 서양인의 시선도 있었지만(Hulbert, H.B. 1906), 학술적인 조사를 통해 선사시대의 무덤으로 인식한 것은 일본인 인류학자의 조사가 그 시발점이었다. 20세기 초에 인류학 조사를 위해 조선을 방문하였던 도리이 류조(鳥居龍藏)는 "…**조선은 돌멘에 관해서는 정말로 경탄할만한 나라이다.**…"(鳥居龍藏 1926)라고 하면서 조선에는 세계 어느 곳보다도 거석을 이용한 무덤이 많았던 점에 대한 놀라움을 표현하였다. 그렇다면 그 전에도 여전히 지상에 드러나 있었던 지석묘에 대해 사람들은 어떠한 생각을 품고 있었을까?

　　청동기시대의 지석묘는 무덤인 동시에 의례의 대상이자 장소로서도 기능하고 있었다. 이에 대해서는 지석묘 축조와 관련된 여러 단계의 장송의례, 여수 오림동 지석묘처럼 상석에 새겨진 그림, 구획시설이나 주구 등에서 확인되는 의도적으로 훼손된 유물 등에서 잘 드러난다. 또 남한 최대 규모의 탁자식 지석묘인 강화도 부근리 지석묘는 대지 위에 단독으로 축조되어 주변을 조망하기 좋은 입지에 있다. 이런 점에서 부근리 지석묘는 무덤 그 자체를 넘어 상징성이 강한 기념물 또는 제단의 기능이 있었을 것으로 추정되기도 하였다.

지석묘와 관련한 의례의 흔적은 역사시대에도 종종 보이는데, 그 내용은 청동기시대와는 많은 차이가 있다. 특히 근현대에는 지석묘가 민간의 생활 속에서 다양하게 활용되었다. 평상처럼 편평하고 걸터앉기 편해서 마을의 쉼터로 이용되거나, 빨래나 곡식을 말리는 곳, 담장의 일부로 활용되기도 하였다. 그리고 칠성바위·거북바위·장군바위·철용바위 등으로 불리면서 민간신앙 차원에서 다산이나 장수를 기원하는 대상물로 널리 활용되었다. 지석묘가 현대사회 및 그 이전에도 민간신앙의 대상이었던 것은 지석묘 연구의 초창기부터 알려졌으며, 20세기 중반 이전까지만 해도 지석묘 상석에 얽힌 민간의 전설이 지석묘 기원론의 한 부분을 차지하고 있을 정도이다(배진성 2012).

하지만 현재의 지석묘 연구는 대부분 청동기시대에 한정되어 있으며, 이후 시대의 신앙과 연결시킨 연구는 매우 미미하다. 그러한 연구경향 때문인지 발굴조사 현장에서도 청동기시대의 무덤에만 주의한 나머지 그 이후 신앙의 대상으로서 기능하였던 양상에는 세심한 주의를 기울이지 못하는 측면이 있다. 조사기간 및 현장에서의 여러 제약 때문이기도 하겠지만, 가장 큰 원인은 청동기시대 이후에 지석묘가 어떻게 활용되었는가라는 측면에 대한 고고학적 인식이 아직은 미흡하기 때문일 것이다. 이러한 가운데 최근 지석묘가 삼국시대의 무덤 및 그 이후 시대의 민간신앙에 재활용된 사례를 다룬 연구가 드물지만 있어 왔던 점은 매우 고무적이다(이영문 2001; 2014; 이동희 2017). 이는 고고학의 외연 확장, 연구의 다양화, 인접 분야와의 협력 기반 마련이라는 점에서도 의미가 있다.


## 2. 거석기념물

거대한 돌에 초자연적인 힘이 있을 것이라는 생각은 세계 각지에서 선사시대부터 현대사회에 이르기까지 계속해서 있어 왔다. 그래서 사람들은 거대한 자연 바위 그 자체를 이용하거나, 바위에서 채석하여 다듬어서 이용하거나. 특이한 모양의 것을 선택하여 신앙의 대상으로 삼았다. 동서고금을 막론하고 산 정상부나 능선부에 있는 거석, 마을에 홀로 서 있는 거석은 신성한 존재로서 마을제사의 장소이면서 개인적인 기원의 대상이었다.

　　바위에 정령이 있다고 믿어서 자식을 얻기 위해서나 병을 치료할 목적으로 거석에 치성을 드리는 풍습은 조선시대에도 일반적이었다(무라야마 지준/김희경 역 2008). 지금도 곳곳에 남아 있는 남근석(男根石)은 생산력의 상징물이면서 정월 대보름날 마을제사를 지내는 곳이었으며, 충청북도 제천에 있는 일명 공알바위·용왕바위·용암이라고 부르는 음문석(陰門石)은 정월 초이튿날 자정에 삼색실과 포를 제물로 장만해서 마을제사를 지내는 곳이었다(김종대 2004; 이종철 2003). 언양 화장산의 큰 암반에 있는 화장굴 앞의 샘물을 머리에 바르면 머리칼이 길어지고, 굴에서 치성을 올리면 아들을 낳는다는 풍습이 있었다(정상박 2000). 거석이나 바위 외에도 특이한 모양의 작은 돌이나 석불과 같은 불교조각품에도 민간의 신앙이 깃들어 있으며, 그 외에도 민속학에서 돌과 관련된 민간신앙은 일일이 열거할 수 없을 만큼 수많은 사례들이 있을 것이다.

　지석묘 상석을 포함하여 거석이나 비석 및 대형 봉분 등은 일종의 기념물로 여겨지면서 고고학은 물론 문헌사학·인류학·민속학 등 여러 학문 분야의 관심을 끌었다. 일반적으로 지석묘가 가진 거석기념물로서의 성격은 청동기시대의 사회적 복합도를 높이는 데에 크게 기여해왔던 것으로 이해되고 있다(이영문 2002; 김범철 2012). 지석묘는 청동기시대에도 무덤 그 자체를 넘어 집단의 사회적 행위의 이행과 반복이 장려되는 공간이었기 때문에 축조 당시부터 의례적인 성격의 기념물과 같은 역할이 부여되었다(이성주 2000).

　지석묘 상석이나 입석 및 고총고분처럼 지상에 노출된 대규모 구조물은 그것이 형성된 당시뿐만 아니라 그 이후 시대에도 여전히 사람들의 의식 속에 존재하였고, 원래의 목적이나 맥락과는 무관하게 어떤 특별한 의미가 덧붙여지면서 일종의 상징물 또는 기념물적인 것으로 여겨졌다. 지석묘 상석이나 입석이 현대사회에서 지역의 민속적 기념물로 지정되어 있는 점에서도 알 수 있듯이, 선사~고대에 세워진 거석은 이후 시대에도 경관의 일부를 이루면서 사람들의 생활 및 문화와 밀접한 관계를 맺고 있어 그 나름의 이야기를 간직하고 있다.

　선사시대에 축조되었던 거석기념물이 그 이후 시대의 사람들에게 어떻게 기억되었는가? 예를 들어 중세 및 근세의 사람들은 오래 전부터 있었던 물질자료에 대해 어떻게 생각하였는지, 거석기념물과 같은 과거의 물질자료를 재활용하는 행위는 어떠한 맥락과 의미를 띠고 있는지, 즉 '과거에 있어서의 과거'(Ruth M. Van Dyke and Susan E. Alcock 2003)에 대한 연구도 고고학의 관심사이다.

## 3. 유럽 선사시대 거석 및 봉분의 후대 재활용

유럽에서는 1980년대 이전부터 주로 유물과 같은 개별 물체(상품)의 문화(인류학)적 전기에 대한 일련의 연구가 이루어져 왔다(Arjun Appadurai, Ed. 1986). 1990년대에 들어와서는 선사시대의 거석이나 봉분으로 대표되는 일종의 기념물적인 구조물이 이후 시대의 매장이나 의례를 위해 재사용된 사례에 대한 관심이 늘어났다. 영국을 비롯한 여러 나라에서 환상열석(環狀列石, stone circle)이나 입석(menhir) 및 봉분(barrow)처럼 규모가 큰 선사시대 유적이 후대에 재활용되는 측면을 다룬 연구들이 늘어나면서, 일부 연구자의 관심을 넘어서 하나의 연구 영역으로 정착되고 있을 정도이다(Howard Williams 1998; Richard Bradley 2002).

거석기념물이 축조된 시대 바로 다음 시대에 재활용된 것으로는, 스코틀랜드에서 선사시대 석실이나 석총(石塚)이 이후 시대의 주거지로 전용된 것이 여러 유적에서 확인되었다. 아일랜드 신석기시대의 원형 석총을 후대 사람들이 조상의 집 또는 영혼의 집으로 인식하면서, 선사시대 석실에 있던 유물들을 제거한 후 철기시대의 무덤으로 재사용하기도 하였다. 일부 유적에서는 신석기시대 석총 입구에 청동기시대 및 철기시대의 주거지가 축조되거나 석총 위에 원형 주거지가 축조되면서, 그 아래에 있는 원래의 무덤방이 주거지의 지하실로 사용된 사례도 있다. 이와 같은 신석기시대 기념물의 청동기시대 및 철기시대에서의 재사용에 대해 조상과의 연관성을 통해 혈통의 정체성을 보여주려는 인식이 반영되었다는 해석도 있다(Richard Hingley 1996). 독일 북부 및 스칸디나비아 남부의 철기시대 무덤 중에도 신석기·청동기시대의 원형 봉분을 재활용한 것이 적지 않다(Howard Williams 1998).

이처럼 이어지는 시대에 다른 용도로 재활용된 것과 함께 축조

이후 상당한 시간이 지나고 나서 재활용된 사례는 더 많다. 예버링 유적을 비롯한 선사 유적에 있는 환상열석이나 거대한 봉분이 포스트로 마시대 및 중세 초기에 와서 마을 내의 의례장소 혹은 무덤으로 재활용된 양상에 대한 연구가 예전부터 있었다(Richard Bradley 1987). 영국의 중세 초기에 해당하는 5~9세기 앵글로색슨 시기 매장유적의 약 25%는 선사시대에 축조되었던 봉분을 재사용한 것이었으며, 이러한 과거 축조물의 재사용은 중세 초기 장송습속에서 두드러진 모습이었다(Howard Williams 1998). 근래에는 앵글로색슨 시기에 선사시대 기념물을 재사용 하는 습속이 왜 일어났으며, 얼마나 확산되었고, 이용된 방식은 어떠하였는지에 대해서까지 검토되고 있다(Vicky Crewe 2012).

중세의 몇몇 문학작품에도 선사시대 봉분이 등장하고 있어 당시 사람들의 인식을 엿볼 수 있다. 여러 연구에서 많이 언급되고 있는 8세기의 서사시 베오울프에는 중세 이전부터 있었던 긴 봉분이 용·도깨비·악령·요정 등이 사는 곳, 용이 지키는 보물이 있는 곳 등으로 묘사되어 있다. 위대한 영웅이나 왕이 죽은 장소라는 인식이 반영되기도 하지만, 중세 초기 사람들이 과거의 거대한 기념물에 대해 초자연적인 힘이 간직되어 있는 두려운 존재로 여기고 있었음을 보여준다(Howard Williams 1998; Sarah Semple 1998). 중세와 근세에 환상열석과 같은 거석기념물이 있는 곳을 재판소나 집회소로 이용하거나(ROBERT HEINE-GELDERN 1959), 돌멘을 '거인의 냄비'라든가 '트롤(북유럽의 전설에 나오는 난쟁이)의 집'이라고 불렀던 현상 역시 그와 같은 민간의 인식을 반영한다(田村晃一 1990).

## 4. 일본열도에서 고고자료에 대한 후대의 인식

일본열도에서도 유적·유물에 얽힌 옛 이야기나 문헌기록을 통해 과거의 물질자료에 대한 후대 사람들의 인식을 엿볼 수 있다(中谷治宇二郎 1928; 淸野謙次 1955; 齊藤忠 1974 등). 유적에 대한 것으로는 선사시대의 배석(配石)이나 입석이 있는 곳에 고분의 무덤방을 만들거나, 고대인들이 야요이시대 방형주구묘(方形周溝墓)의 주구(周溝), 즉 무덤을 에워싸고 있는 도랑 모양의 시설을 재활용하여 그곳에 고훈시대의 토기를 공헌한 것이 있다. 12세기의 문헌기록에는 횡혈식석실을 '귀신이 사는 구덩이'라고 하여 불길한 존재로 여겼던 정황이 보인다(間壁葭子 1982). 또 아이치현에서는 죠몬시대의 입석을 의식하고 그것을 피하여 야요이~고훈시대의 무덤을 축조한 모습이 나타나는 유적도 조사되었다(櫻井準也 2011).

유물에 대해서는 과거의 석기에 주술적인 의미가 있다고 생각해서 고대인들이 석실 입구에서 행해지는 묘전제사(墓前祭祀)에 선사시대의 석촉을 이용한 정황이 발견되기도 하였다(渡邊邦雄 1995). 또 『속일본후기(續日本後紀)』에는 죠몬시대 석촉의 발견이 정치적 변동이나 천재지변의 징후라고 하여 조정(朝廷)에 보고하였다는 기록이 있다.

그리고 패총에 대해서는 『상륙국풍토기(常陸國風土記)』에 나오는 '거인전설'이 유명하다. 거인이 육지에서 손을 뻗어 바다의 대합조개를 채취하여 먹고 버려서 패총이 형성되었다는 이야기인데, 조개껍질이 여러 층을 이루며 쌓여 있는 모습을 후대 사람들이 기이하게 여기면서 이러한 전설이 생성되었던 것이다.

20세기 중반 무렵에는 일본의 대표적인 고고자료라고 할 수 있는 대규모 전방후원분에 대한 민속학적 의미에 관심이 기울여졌고(柳田國男 1963; 1969), 이후에는 고훈시대의 고분이 8~9세기의 화장묘나

제사의 장소로 전용(轉用)되는 사례에 대해 연구가 이루어졌다(間壁葭子 1982). 이 외에도 고분에 대한 문헌기록, 성곽으로 전용된 대형고분, 옛 기와로 오인된 죠몬토기, 하늘에서 떨어진 것이라는 선사시대의 석촉, 고분에 얽힌 여러 가지 전설 등 과거의 유적이나 유물이 현대사회를 포함한 후대의 사회에서 어떠한 의미로 인식되고 이용되었는지에 대한 연구가 진행되고 있다(櫻井準也 2011).

그리고 뒤에서 살펴볼 규슈지역의 야요이시대 지석묘 상석 역시 한반도 및 중국 동북지역과 마찬가지로 현대사회에서 신성한 거석으로 활용되어 왔다.


## 5. 한국에서 고고자료에 대한 후대의 인식

### 1) 입석을 이용한 비석

광개토왕비는 이전부터 그곳에 있었던 입석에 비문을 새긴 것이라는

**사진 1  충주고구려비**

견해(한흥수 1935) 이래 한국고대사 학계에서는 대체로 그렇게 받아들여지고 있는 것 같다. 광개토왕비 자체에 인위적인 가공 흔적이 많지 않고, 글자가 새겨진 비면도 여느 비석처럼 매끈하게 다듬어지지 않은 점 등에서 자연의 암괴를 가져와서 세웠다거나(임기환 2011), 예전부터 그곳에 세워져 있었던 입석을 재이용한 것이라는 의견(이우태 2013)들이 제기되었다. 입석은 오래 전부터 그곳

사진 2　장군총

사람들에게 신성한 것으로 여겨져 왔으므로 가공하지 않고 그대로 이용하는 것이 비석의 위엄성 및 왕권의 신성성을 표출할 수 있었기 때문이다(김현숙 2011).

　　그리고 충청북도 충주시 입석마을 입구에 있는 충주고구려비 역시 비문이 알려지기 전부터 마을의 수호신으로 모셔져 온 입석이어서 훼손되거나 소멸되지 않고 남아 있을 수 있었다. 장군총과 같은 기단식적석총의 둘레에는 일종의 호석(護石)처럼 보이기도 하는 큰 석판이 일정한 간격을 두고 기대어진 채로 돌려져 있는데, 잘 가공된 기단석이나 석실에 비해 유독 이 석판만은 정연한 형태로 가공하지 않은 것이다. 그래서 이 석판도 이전부터 신성시되어 왔던 것을 가져다가 왕묘에 설치함으로써 왕권의 신성성을 더욱 부각시킬 수 있었다고 추정하기도 하였다(김현숙 2011).

　　그렇다면 삼국시대에도 입석과 같은 거석은 단순한 자연 암석이 아니라 신성하고 초자연적인 존재로 숭배되고 있었을 개연성이 높다. 선사시대보다 발달된 치석(治石) 기술이 있었는데도 모서리의 각이 뚜렷하고 표면이 매끈한 새로운 비석을 만들지 않고 원래 세워져 있었던 거석을 활용한 점은 경제성이나 합리성으로는 설명할 수 없는 관념적인 측면이 작용하였던 것이다.

　　영국 서부지역의 중세 비석 중에도 선사시대의 입석을 이용한 것이 있는 것을 보면(Williams, G. 1988), 동서양을 막론하고 입석과 같은 선사시대의 거석기념물이 후대에 와서 재활용된 사례는 세계 곳곳에 있을 것이다.

## 2) 문헌 속의 거석

고대 문헌인 『삼국사기(三國史記)』에도 초자연적인 현상을 보여주는 거석이 종종 등장한다. 삼국사기 신라본기에는 큰 돌이 저절로 움직여 사람들을 이동시켰다는 내용이 있다. 헌덕왕 8년에 흉년과 기근 때문에 먹을 것을 구하러 중국으로 가는 사람들이 꽤 있었는데, 그 때 길이 3m를 넘는 큰 돌이 저절로 움직여 백여 보를 옮겨갔다는 것이다.[1] 고

---

[1]　三國史記 新羅本紀 第十, "八年, 春正月, 侍中憲昌出爲菁州都督, 璋如爲侍中,

구려본기에는 주몽의 탄생과 관련하여 큰 돌이 등장한다. 부여왕 해부루가 탄 말이 곤연(鯤淵)이라는 곳에 이르러 큰 돌을 보고는 눈물을 흘렸다고 한다. 왕이 괴이하게 여겨 돌을 옮기니 그곳에 어린아이가 있어 태자로 삼았는데, 그가 고구려의 시조 주몽이었다는 이야기이다.[2] 백제본기에는 하늘에서 큰 돌 다섯 개가 일시에 떨어졌다는 기록이 있다.[3] 이 거석들이 지석묘 상석인지의 여부는 알 수 없지만 삼국시대에도 특정의 거석을 신비스러운 존재로 여겼던 모습을 엿볼 수 있다.

지석묘 상석으로 볼 수 있는 거석이 나오는 문헌으로 우리나라에는 고려시대의『동국이상국집(東國李相國集)』이 있고, 중국에는『한서(漢書)』·『삼국지(三國志)』·『조야첨재(朝野僉載)』·『압강행부지(鴨江行部志)』 등이 있다(유태용 2013). 동국이상국집의 내용은 뒤에서 언급될 것이며, 중국의 고문헌에 있는 내용을 보면 다음과 같다.

전한(前漢) 시기를 기록한 후한(後漢) 시기의 사서인『한서』에는 큰 돌이 스스로 세워져 있고 그 밑에는 세 개의 돌이 받치고 있으며, 큰 돌 주위에 백조 수 천리 마리가 모이고 있었다고 기록되어 있다.[4] 이것은 지석묘 상석에 관한 가장 오래된 기록이며, 탁자식 지석묘가

---

年荒民飢, 抵扡東求食者, 一百七十人, 漢山州唐恩縣, 石長十尺, 廣八尺, 高三尺五寸, 自移一百餘步, 夏六月, 望德寺二塔戰."

**2**　三國史記 高句麗本紀 第一, "始祖東明聖王, 姓高氏, 諱朱蒙, 先是, 扶餘王解夫婁, 老無子, 祭山川求嗣, 其所御馬至鯤淵, 見大石相對流淚, 王怪之, 使人轉其石, 有小兒, 金色蛙形, 及其長立爲太子, ….."

**3**　三國史記 百濟本紀 第一, "己婁王, …, 十七年, 秋八月, 橫岳大石五, 一時隕落."

**4**　漢書 卷二十七, 五行志七, "孝昭元鳳三年三月, 泰山萊蕪山南, 匈匈有數千人聲, 民視之, 有大石自立, 高丈五尺, 大四十八圍, 入地深八尺, 三石爲足, 石立處, 有白鳥數千集其旁."

신비적이고 초자연적인 존재로 묘사되었다. 기원후 2세기 후반에 편찬된 『삼국지』에는 연리사라는 사당에 세 개의 다리가 달린 큰 돌이 생겼고, 이것은 마치 왕이 머리에 쓰는 관을 닮아서 상서로운 징조라는[5] 기사가 있다. 이 역시 랴오둥지역의 탁자식 지석묘를 묘사한 것으로서 기원전 1세기~기원후 2세기대에 지석묘 상석과 같은 거석이 신성한 존재로 인식되었음을 보여 준다. 『조야첨재』에도 탁자식 지석묘가 묘사되어 있다. 세 개의 돌이 품(品)자 모양으로 세워져 있는 것을 『산해경(山海經)』에 나오는 과보의 이야기를 끌어 와서 과보가 태양과 경주하다가 여기에 이르러 밥을 지으려고 솥을 받치도록 고여 놓은 돌이라는 내용이다.[6] 지석묘 상석에 대해 옛 전설과 관련이 있는 신기한 돌로 보았던 것이다. 그리고 『압강행부지』에는 지석묘의 중국식 용어인 석붕(石棚)이 나온다. 큰 돌 아래에 세 개의 돌이 벽을 이루고 있으며 높이가 3m나 되고, 돌 사이에 틈이 전혀 없어 귀신같은 기교가 아니면 만들 수 없다는 내용이다.[7] 이처럼 중국 동북지역 일대에 분포하는 대규모 탁자식 지석묘에 대해 후대의 사람들은 전설 속의 인물과 관련시키거나 신(神)이 만든 기이한 것으로 여겼음을 알 수 있다.

---

**5**　三國志 魏書 卷八 公孫度條, "本遼東襄平人也, … 度爲遼東太守, … 東伐高句麗, 四聲五丸, 威行海外 初平元年, … 時襄平延里社生大石, 長丈餘, 下有三小石爲之足, 或謂度曰 ; 此漢宣帝冠石之祥…."

**6**　朝野僉載, "夸父山在辰州東, 三石品立, 古老傳曰, 鄧夸父與, 日競走至此炊飮, 三石者夸父支鼎之石也."

**7**　鴨江行部志, "己酉, 遊西山, 石室上石縱橫可三丈, 厚二尺許, 端平瑩滑, 狀如棋局, 其下壁立三石, 高廣丈餘, 深赤如之, 了無暇隙, 亦無斧業痕, 非神功鬼巧, 能爲也, 土人謂之, 石棚."

## 3) 문헌에 묘사된 선사시대 유물

한편, 선사시대의 석기가 후대 사람들에게 어떻게 인식되었는지를 보여주는 문헌기록도 곳곳에 있다. 중국 명나라 때에 편찬된 『본초강목(本草綱目)』에는 선사시대의 석부(石斧)를 뇌부(雷斧), 즉 벼락도끼로 표현하고 있다. 평소에는 사람들의 눈에 띄지 않다가 비가 내린 뒤 땅에 드러난 석부를 보고 이것은 인간이 만든 것이 아니라 천둥과 번개를 다스리던 뇌신(雷神)이 지녔던 도구로서 벼락과 함께 하늘에서 떨어진 것이라고 믿었다(도유호 1960). 선사시대 석기에 대한 이러한 인식은 중국에서는 늦어도 당나라 때부터 시작되어 청나라 때까지 굳건히 유지되고 있었다.

『조선왕조실록』에도 뇌부라는 용어가 여러 차례 등장한다. 세종 23년 5월 18일의 기록에 "… **또 벼락이 떨어진 곳이나 혹은 토목 가운데에서 도끼 같이 생긴 쐐기를 얻게 되는데, 이를 벽력설이라 한다. 어린이에게 채워 주면 경기와 사기를 모두 물리치고, 잉태한 부인이 갈아 복용하면 아이를 빨리 낳게 하는 약으로 꼭 효험이 있다. …"**[8]라고 되어 있어, 선사시대의 석기를 의학적 효능이 있는 물건으로 인식하였던 정황이 있다. 뇌부를 찾아서 바친 이들에게 후한 상을 내렸다는 세종 23년과 26년의 기록, 진주지역에 떨어진 운석의 처리를 묻는 장계(狀啓)가 올라오자 뇌부에 비할 물건이 아니니 올려 보내지 말라는 성종 23년(1492)의 기록으로 보아, 당시 뇌부는 꽤 귀중한 물건으로 인식되었음을 알 수 있다. 서울 바깥에서 뇌부를 찾아 바치라는 연산군의 지시, 벼락이 친 곳에서 뇌부를 찾아보라는 광해군의 지시 역시 위와 같은 선대(先代)의 인식이 이어지고 있음을 보여준다(이선복 2001; 2003).

---

**8** "… 於霹靂處 或土木中 得楔如斧者 謂之霹靂楔 小兒佩帶 皆辟驚邪 孕婦磨服 爲 催生藥必驗 …".

이와 함께 석검을 가리키는 뇌검(雷劍), 석촉을 가리키는 뇌전(雷箭), 석창을 가리키는 뇌창(雷槍)이라는 용어도 나오는 것을 보면, 조선시대에는 선사시대의 석기를 인간이 만든 것이 아니라 천상의 신과 같은 존재가 가지고 있었던 신비스런 것으로 바라보았음을 알 수 있다.

일본열도에서도 에도시대의 문헌에 선사시대 석부를 가리켜 뇌부라고 하였으며, 갑작스레 발견되는 석부·석검·석촉 등은 기이한 자연현상에 의해 생성된 것이라는 이른바 석기천공설(石器天工說)이 17~18세기 지식인들 사이에 받아들여졌다(櫻井準也 2011).

이러한 인식은 서양에도 널리 퍼져 있었다. 유럽의 여러 나라에서 석부는 하늘에서 떨어진 것, 석촉은 요정 혹은 마술사가 쏜 것, 아프리카의 석기는 나쁜 사람을 벌하기 위해 하늘에서 떨어뜨린 것이라고 하는 것을 보면(齊藤忠 1932), 근현대 이전의 사람들이 선사시대 유물을 기이하고 신비스럽게 생각하였던 것은 세계적이고 보편적인 인식이었던 것 같다. 이렇게 선사 유물을 초자연적인 것으로 바라보았던 근현대 이전의 인식은 고고학이라는 학문이 정립되지 못한 상황에서 나타날 수 있는 당연한 현상이기도 하다.

## 4) 후대에 재활용 된 지석묘

지석묘가 삼국시대 무덤 축조에 재활용되었고 이후에는 민간신앙의 대상이 되었던 사례를 검토한 연구도 있었다. 삼국시대 무덤에 활용된 것은 주로 호남지역에 집중되어 있으며 대체로 중하위계층의 무덤으로서, 상석을 받치고 있는 지석으로 인해 상석과 지면 사이에 어느 정도 공간이 형성된 것이 선호되었다. 그리고 조선시대에는 태항아리를 묻는 장소로도 활용되었는데, 이 역시 당시 민간에 유행하였던 거석숭배사상과 밀접한 관련이 있다(이동희 2017). 지석묘는 민간에서 칠성바위나 거북바위 등으로 불리면서 민간신앙의 대상물로 활용되었고, 세계문화유산으로 등재된 화순지석묘에는 바위마다 나름의 전설이 담겨져 있어 민속학적 가치가 높다. 민간신앙적인 측면이 아니더라도 편평한 지석묘 상석은 마을의 쉼터나 어린이들의 놀이터가 되기도 하였고, 뒷마당에 있는 상석은 농작물을 말리거나 장독대를 두는 곳으로 안성맞춤이었다. 또 조상의 묘역에 있는 지석묘 상석과 같은 거석은 함부로 옮겨서는 안 되며, 상석 여러 기가 모여 있는 곳은 마을제사의 장소로도 활용되었다(이영문 2001; 2014).

우리나라에서도 지석묘 상석과 같은 선사시대 거석기념물이 후대에 활발히 이용되어 왔음에도 불구하고, 그러한 측면에 대한 관심은 높지 않은 편이다. 경주의 신라고분이 지역민들에게 오랫동안 숭배의 대상으로 인식되어 왔지만, 이를 학문적으로 다룬 연구는 찾아보기 어렵다. 이 책에서는 이러한 관점도 한국고고학의 한 분야로 정착되기를 바라는 마음에서 선사시대부터 현대사회까지 지석묘 상석의 일대기를 조망해보고자 한다.

# Ⅲ. 선사~조선시대의 지석묘 상석

## 1. 신석기시대의 거석

큰 바위를 대상으로 한 거석신앙은 선사시대부터 있어 왔다. 한반도에서는 단연 청동기시대의 지석묘 상석이 대표적인데, 그 이전의 신석기시대에는 거석과 관련 있는 유적이 흔치 않다. 세계적으로 범위를 넓히면 신석기시대의 사례도 많을 것이지만, 아직 한반도의 신석기시대에는 지석묘 상석과 같은 전형적인 거석 유적을 찾아보기 어렵다. 그렇지만 아래의 두 유적에서는 보기 드물게 신석기시대에 자연 바위 및 큰 돌을 이용하여 의례 장소로 활용하였던 흔적을 엿볼 수 있다.

오산 가장동 유적에서는 4m 내외의 바위 여러 개가 발견되었는데, 이것을 마을 사람들은 '알바위'라고 부르면서 신앙의 대상으로 여겨왔다고 한다(경기문화재연구원 2008). 바위틈에는 석부 한 점이 끼워져 있었고, 그 주변에서 신석기시대의 토기편들이 수습되었다. 아마도 어떠한 목적의 의례를 실시한 후 그와 관련한 행위로서 석부 한 점을 의도적으로 끼워 넣었던 것으로 추정된다. 오늘날 민간에서 신성시하는 가장동의 알바위는 신석기시대부터 의례 장소였던 점을 고려할 때, 근현대 이전에도 민간신앙과 관련이 있었을 가능성이 있지 않을까 한다.

그리고 부산 범방 유적에 확인된 큰 돌을 이용한 의례 시설 역시 보기 드문 사례이다. 길이 50㎝, 두께 30㎝ 정도의 큰 화강암 세 개가 모여 있고, 그 주위에 작은 돌들이 에워싸고 있는 돌무지 시설로서, 전체적인 모양이나 돌의 크기로 보아 야외화덕자리나 무덤과는 다른 시설로 보인다. 특히 여기서 길이 28.1㎝의 대형 석부가 의도적으로 놓인 모습으로 출토되었는데, 이것은 범방 유적에서 출토된 많은 석부 가운데 크기가 가장 큰 것이다. 아직 이와 유사한 사례가 없어 이 시설

사진 3  오산 가장동 유적의 알바위

사진 4　부산 범방 유적의 돌무지 시설

의 정확한 성격은 알 수 없지만, 큰 화강암 세 개는 자연적으로 놓인 것이 아니라 의도적으로 모아 놓은 것이 분명하며, 그 옆에 대형 석부가 은닉된 모습으로 출토된 점에서 의례와 관련된 시설로 추정된다(부산박물관 2009).

## 2. 청동기시대의 제단지석묘

지석묘 중에는 상석 아래에 무덤방이 없는 것이 있다. 이것을 가리키는 용어로 제단지석묘·상징지석묘·적석제단·제단(형)유구 등이 있으며, 이 가운데 제단지석묘와 상징지석묘라는 용어의 사용빈도가 높은 편이다. 이것은 무덤방이 없어 일반적인 무덤으로 볼 수 없기 때문에 묘표석(墓表石)이나 의례의 장소로서 상징성이 강한 기념물적 성격의 거석으로 인식되어 왔다.

　　탁자식 지석묘 가운데 애초 단벽 없이 장벽 두 매만 세운 후 상석을 얹은 것이 있다는 전제 하에서, 이러한 지석묘는 무덤이 아니라 의례를 거행하던 제단 기능의 시설이라는 견해가 있었다(이융조·하문식 1989). 이후 전남지역을 대상으로 지석묘가 군집한 공간과 거리를 두고 독립적으로 배치된 지석묘, 주위의 지석묘에 비해 상석의 규모가 웅장한 것, 전망 좋은 곳에 입지한 지석묘 등으로 상징지석묘 혹은 제단지석묘의 특징이 정리되었다(이영문 1993). 대표적인 유적 가운데 하나로서 여수 월내동 상촌Ⅲ 유적을 보면(동북아지석묘연구소 2012), 지석묘군에서 독립되어 있는 1호 지석묘는 유적 내에서 상석의 규모(길이 5.9m, 너비 5.2m, 두께 2.2m)가 가장 크지만 무덤방은 없다. 상석 주위로는 길이 7m에 가까운 사다리꼴 모양의 구획시설이 설치되었으며, 상

사진 5  여수 월내동 상촌Ⅲ 지석묘

석 아래에는 이것을 받치는 지석 네 매가 있다. 독립적인 배치와 상석의 규모 및 무덤방이 없는 점에서 일반적인 지석묘가 아니라, 해당 유적의 지석묘군을 대표하는 강한 상징성을 지닌 것으로 추정되었다.

이렇게 상석 아래에 무덤방이 없는 사례들이 늘어나면서 제단지석묘 혹은 상징지석묘는 청동기시대의 의례와 관련된 거석기념물로 널리 인식되게 되었다. 또 이와는 달리 뚜렷한 무덤방이 없다고 해서 제단이나 묘표석 등으로 판단하기 보다는, 상석 아래에서 관 받침대나 시상(屍床)의 흔적으로 볼 수 있는 것이 간혹 있기도 하고 주형지석(柱形支石)을 사용한 지석묘는 상석 아래에 어느 정도의 공간이 확보되어 있는 점에서 이차장이나 매장의례를 행하기 전의 가매장을 위한 시설로 보기도 하였다(김선기 2000; 이영문 2011).

이처럼 제단지석묘는 중서부지역에서는 탁자식 지석묘, 호남지역에서는 기반식 지석묘가 주요 대상이었던 반면, 영남지역의 경우는 묘역지석묘 혹은 구획묘로 불리는 것 가운데 무덤방이 없는 것이 주목되었다(김병섭 2009). 이것은 평면 원형·방형·장방형의 적석시설과 그 위에 놓인 상석으로 이루어지며, 무덤방이 없는 점과 의례에 사용된 것으로 추정되는 유물들이 출토되어 일종의 제단시설로 볼 수 있는 것이다. 한 유적에 한 기만이 아니라 여러 기 분포하는 경우가 많고, 상

사진 6    밀양 사포리 제단지석묘

석 없이 대규모 적석시설만으로 된 것이 있는 점은 중서부지역이나 호남지역과는 다른 영남지역 제단지석묘의 특징으로 볼 수 있다. 밀양 제대리(동서문물연구원 2011)·사포리(경남발전연구원 역사문화센터 2010) 유적에서 무덤방 없이 구획시설과 그 위에 놓인 상석으로만 이루어진 지석묘가 여러 기 확인되는 등, 최근 밀양지역에서 이러한 유적들이 많이 확인되었다. 특히 이 지역에서는 제단지석묘의 상석이나 적석시설의 가장자리 구획석에 암각화가 새겨진 것이 있어 의례 시설물이 있었을 가능성을 더욱 높여준다. 밀양 살내 1호 제단지석묘의 무너진 구획석 두 매에서 석검과 석촉, 기하학적 음각선이 새겨진 암각화가 발견되었다(경남발전연구원 역사문화센터 2015). 밀양 신안 유적에는 지석묘 네 기 가운데 1호묘 상석에 인물상으로 추정되는 암각화가 있으며, 4호묘의 구획석에는 동심원 무늬가 새겨져 있었다(경남발전연구원 역사문화센터 2007). 이 지석묘들은 학술적 중요성이 인정되어 모두 현장 보존조치되었기 때문에 무덤방은 확인할 수 없었다. 위와 같은 밀양지역 청동기시대 지석묘의 양상을 감안할 때 신안 유적의 지석묘 역시 무덤방이 없는 제단지석묘일 가능성이 높다. 그렇다면 이곳은 무덤군이라기보다는 의례 공간으로서 신성시되었던 장소였을 것이다.

사진 7　밀양 살내 1호 제단지석묘와 암각화

사진 8　밀양 신안 4호 지석묘와 암각화

사진 9　대구 진천동 유적

　　　　대구 진천동 유적에는 장방형의 석축시설 중앙에 성혈과 동심원
이 새겨진 입석이 있다. 상석 대신 입석이 있는 점만 다를 뿐 전체적인
모습은 무덤방이 없는 묘역지석묘와 흡사하다(경북대학교박물관 2000).
입석은 대부분 정확한 축조 시기를 알 수 없는 경우가 많은데, 이것은
석축시설의 구조라든가 청동기시대 암각화의 대표 무늬인 동심원이
새겨진 점에서 청동기시대의 것이 분명하며, 이 역시 제단지석묘와 유

사진 10　김해 구관동 유적

사한 기능의 의례 시설이라고 할 수 있다. 현재 선사유적공원으로 복원 정비되어 일반시민들에게 공개되어 있다.

한편, 청동기시대에도 지석묘 상석이 아닌 자연 암반이나 큰 바위를 대상으로 한 제사유적이 일부 알려져 있다. 김해 구관동에는 해발 71m의 구릉 정상부에 높이 4.0m, 둘레 12.7m의 거석이 있었다. 조사 결과 거석 주위에서 후대 건물지의 기단부와 돌무지 시설이 확인되었으며, 청동기시대의 석검을 비롯하여 고려~조선시대의 기와·분청사기·백자·청자·옹기편 등이 출토되었다(대성동고분박물관 2006). 현지 주민의 이야기에 따르면 이곳에는 예전에 마을 수호신의 거처인 당산(堂山)이 있었다고 한다. 거석 아래 부분에는 양초로 인해 검게 그을린 흔적이 남아 있어 최근까지도 민간의 기도처로 이용되었음을 알 수 있다. 따라서 구관동의 거석은 선사시대부터 현대사회에 이르기까지 사람들이 소원을 비는 곳으로 신격화되어 왔다.

경기도에 있는 하남 덕풍골 유적에서는 청동기시대의 주거지와 무덤 주위의 산 정상부에서 의례와 관련된 큰 자연 바위가 확인되었

사진 11  하남 덕풍골 유적

다. 바위에는 불에 그을린 흔적이 있으며, 바위 틈새에서 선사시대의 토기와 석기, 고대 및 중근세의 자기편 등이 출토되었다. 제의유적으로 이름 붙여진 이 바위는 암반 위에 바위 여러 개가 얹혀 있는 모습이며, 암반 남쪽 면에는 단(段) 시설이 확인되었다. 이로 보아 이곳은 선

사진 12  광주 신창동 지석묘

사시대 이래로 최근까지 의례행위가 있어 왔던 곳으로서 산신이나 토
지신에게 제물을 바치던 곳이 아닐까라고 추정된 바 있다(세종대학교박
물관 2007).

　　이처럼 거석이 있는 곳은 특정 시대에 한정되지 않고 선사시대부
터 오늘날까지 계속해서 신성한 장소로 이용되어 왔다.


## 3. 삼국시대 무덤으로 재이용

삼국시대의 거석신앙과 관련된 지석묘 상석은 드물다. 그 대신 무덤
축조에 지석묘의 무덤방을 재이용한 것이 있다. 호남지역에서 그러한
유적들이 많이 조사되었으며, 보령 소송리(한국문화재보호재단 2000) 지
석묘에서 보듯이 호서지역에도 있어 주로 마한·백제 권역에서 확인
된다. 반면, 춘천 천전리(김재원·윤무병 1967) 2호 지석묘와 같은 예외
적인 사례 외에는 신라나 가야 권역에서는 거의 확인되지 않는다.

　　상석 아래에서 삼국시대의 토기나 철기가 정연한 상태로 출토되
거나 새로이 굴착된 토광 등을 통해 확인할 수 있는데, 몇 가지 사례를
보면 다음과 같다. 광주 신창동 지석묘에서는 무덤방이 없는 제단지석

묘의 상석 아래에 있는 지석 안쪽에 토광을 굴착하여 삼국시대 무덤방을 설치한 것이 확인되었다(호남문화재연구원 2004a). 광주 매월동 동산 지석묘는 원래 있던 청동기시대의 무덤방을 파괴하고 그 자리에 삼국시대 석실을 만든 것인데, 상석 아래에 토광 세 기를 설치한 것도 있다(전남대학교박물관 2002). 곡성 연화리 유적에서는 지석묘 무덤방의 한쪽 벽면에 덧붙여서 삼국시대 석실을 축조하였다(국립전주박물관 1997). 무안 월암리 유적은 상석에 가려지는 청동기시대 무덤방 옆의 공간에 삼국시대 무덤을 축조한 모습이 보이며, 그 과정에서 지석묘의 무덤방도 부분적으로 파손되었다(목포대학교박물관 1992). 무안 맥포리 유적의 삼국시대 1호·3호 토광묘는 상석과 지석은 원래의 위치를 그대로 유지시키면서 지석 안쪽에 삼국시대 토광을 설치한 것이며, 2호 토광묘는 지석묘 상석을 깨뜨려 이동시키고 무덤방도 완전히 파괴시킨 후 새로이 토광묘를 조성한 것이다(호남문화재연구원 2005). 이렇게 지석묘를 삼국시대 무덤 축조에 재이용하는 과정에서 상석이 이동되거나 파손되기도 하였는데, 한편으로는 상석

사진 13  **무안 맥포리 1~3호 토광묘**

을 그대로 두고 천정석으로 한 것도 있다.

　이러한 양상의 원인 및 배경에 대해 몇 가지 견해들이 제시된 바 있다. 우선 거석신앙과 관련한다는 견해가 여러 연구에서 제기되어 왔다. 호남지역은 다른 지역보다 지석묘의 수가 많아 민간신앙으로서의 거석신앙도 강했기 때문이라는 것이다(전남대학교박물관 1982; 이영문 2000; 이동희 2017). 이와는 달리 기존에 있었던 상석 아래의 무덤방을 재이용함으로써 수월하게 무덤을 축조하려 하였다고 보기도 한다(호남문화재연구원 2005). 지석묘 중에서도 상석의 규모가 월등히 큰 것만을 대상으로 삼국시대 무덤 축조에 활용하였다면 거석신앙과의 관련성에 무게가 실릴 수 있을 것인데, 현재로서 그러한 모습은 두드러지지 않는 것 같다. 그렇지만 곡성 연반리 전기 지석묘 및 여수 월내동 상촌Ⅲ 유적 등의 제단지석묘에서 삼국시대 유물이 수습된 점을 근거로 하여, 청동기시대에 이어 삼국시대까지 거석을 대상으로 한 의례가 지속되었다고 보는 연구는 지금도 계속되고 있다(최성훈 2023). 상석 주변의 수습 유물에 대한 층위적 안정성 등에 약점이 있기는 하지만, 추후 관련 사례의 증가 여부와 해당 유물에 대한 면밀한 검토가 더해진다면 삼국시대의 거석신앙에 대해서도 좀 더 구체적인 진전이 이루어질 것으로 기대된다.

　그리고 호남지역의 사례와는 차이가 있어 그대로 비교하기는 어렵지만, 일본열도의 경우 8~9세기에 200~300년 전에 축조되었던 고분을 재이용한 사례가 긴키(近畿)지역을 중심으로 확인된다. 그 동기에 대해서는 조상의 묘를 재이용함으로써 자신의 출자(出自)를 주장하기 위해서라거나 고분 및 주변 토지의 소유권을 주장하기 위한 수단이었다는 해석이 있다(間壁葭子 1982).

　한편, 삼국시대 무덤으로 재이용 된 것은 아니지만, 영남지역에서 삼국시대 거석신앙을 생각해 볼 수 있는 것으로는 울산 중산동

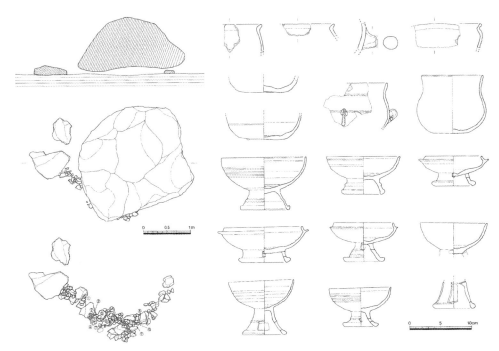

**그림 1   울산 중산동 715-1번지 유적 2호 지석묘와 출토 유물**

715-1번지 유적의 2호 지석묘를 고려해 볼 수 있다(영남문화재연구원 2003). 상석 아래에 후대의 퇴적토가 채워져 있었고, 이 퇴적토를 제거하자 'ㄴ'자 모양으로 남아 있는 돌무지 시설이 드러났다. 아마도 원래의 모습은 'ㅁ'자 모양이었을 것이다. 이 시설은 청동기시대에 만들어진 무덤방의 일부인데, 이곳에서 청동기시대의 토기편 일부와 함께 굽다리접시(고배(高杯))를 위주로 한 6~7세기대의 토기가 상당수 출토되었다. 굽다리접시라는 특정 종류의 토기가 파편이 아닌 완형으로 다량 출토된 점을 적극적으로 해석한다면, 이 2호 지석묘 상석에서 삼국시대 거석신앙과 관련한 의례가 있었을 것이라고 추정해 볼 수도 있겠다.

또 마산 가포동 유적에서는 어떤 기원의 의미에서 바다 전망이 좋은 산 경사면에 위치한 바위틈에 청동기를 의도적으로 파손시킨 후

차곡차곡 밀어 넣은 모습이 확인된 바 있었다(경남대학교박물관 2006). 여기서는 청동기시대의 토기편 외에 삼한·삼국시대의 토기편도 함께 수습되어 삼국시대까지도 거석의례의 장소로 이용되었던 것 같다.

## 4. 통일신라시대의 거석신앙

통일신라시대에 지석묘 상석과 같은 거석이 어떤 신앙의 대상물로 활용된 정황을 조금이나마 엿볼 수 있는 유적이 있다. 경주 화곡리 유적은 묘역을 이룬 부석시설과 상석으로 인해 외형적으로는 묘역지석묘처럼 보이지만, 무덤방이 확인되지 않아 제단유적으로 알려졌다(성림문화재연구원 2008). 주변에서 무문토기편이 일부 수습되기는 하였지만 부석시설 내에서는 삼국~통일신라시대의 토기편들이 다수 출토되었다. 유물의 출토 상태를 보면, 상석과 부석시설 사이에 의도적으로 매납하거나 상석 가장자리와 부석시설 주변에 다량의 토기편들이 뿌려진 모습이다. 이 상석과 부석시설은 청동기시대의 제단지석묘로 시작되었으며, 삼국 특히 통일신라시대에도 의례시설로 활발히 이용되었던 것 같다. 거석이 있는 장소를 이용하였다는 점에서 삼국~통일신라시대의 경주지역에 거석신앙이 있었음을 보여준다. 보고문에는 유적 주변에서 기와 가마가 많이 확인되어 이와 관련된 장인집단의 안녕과 순조로운 생산을 기원하는 의례가 있었을 것으로 추정하였다. 조사 후 상석은 화실 마을과 부지리 마을을 잇는 도로 가장자리로 이전하여 보존하고 있다.

　　최근 조사된 경주 구황동 지석묘의 경우, 신라인들이 상석의 갈라진 틈 사이에 건물지의 주춧돌 파편을 끼워 넣어 상석의 원형을 유지하기 위해 애쓴 정황이 확인되었다(국립경주문화재연구소·동국대학교

**사진 14  경주 화곡리 제단유적**

경주캠퍼스 고고미술사학전공 2021). 상석 주변에 통일신라시대와 고려시대의 담장으로 추정되는 석렬(石列)이 있는데, 상석은 담장렬 바깥에 위치하고 있는 점에서 통일신라시대 당시에 상석을 이동시키거나 파괴하지 않고 원상태를 유지하도록 그것을 피해서 건물을 축조하였던 것으로 판단되었다. 출토 유물로는 청동기시대부터 조선시대에 이르

사진 15  경주 구황동 지석묘

는 토기·기와·자기편들이 있다. 조사 당시 상석은 여러 군데 균열이
나 있어 파손시키지 않고 들어올리기는 어려운 상황이었고, 선사시대
부터 현대까지 오랫동안 유지되어 온 상석을 파손시킬 수 없어 하부구
조에 대한 조사는 실시되지 못하였다. 조사단이 상석의 현 상태를 파
손시키지 않고자 하였던 데에는 이것이 단순한 자연 암석이 아니라 선
사~고대는 물론 현재까지도 경외의 대상으로 여겨져 온 역사적·문화
적 맥락 속에서 함부로 훼손시켜서는 안 된다는 암묵적인 관념이 작용
하였을 것이다. 구황동 지석묘 상석은 청동기시대부터 통일신라시대
를 거쳐 오늘날에 이르기까지 경주의 역사를 담고 있는 존재였다는 보
고문의 견해에 공감하며, 하부구조의 조사보다 상석 자체의 보존을 중
시한 점은 바람직한 판단이었다.

그리고 영덕 우곡리 유적에서는 길이 2m, 높이 1m 내외의 거석
여러 기가 확인되었다. 거석 아래에 무덤방은 없었으며, 거석에 접해
서 통일신라시대의 도랑 모양 시설이 설치되어 있었다. 출토 유물은
청동기시대의 토기편과 석기편, 통일신라시대의 기와편 등이다. 이 거
석들은 청동기시대에 처음 조성되었으며, 도랑 모양 시설은 거석의 존
재를 인지한 상태에서 조성된 것으로 판단된다. 이 역시 청동기시대는

사진 16 영덕 우곡리 유적의 거석

사진 17 대구 파동 유적

물론 통일신라시대에도 의례에 이용되었을 가능성이 있다(삼한문화재
연구원 2012).

대구 파동 유적에서는 청동기시대의 임시거주지였던 바위그늘

유적이 조사되었다(대동문화재연구원 2014). 대규모 암반 앞쪽에 바위그늘에서 떨어져 나온 큰 바위덩어리가 있고, 그 사이 공간에서 청동기시대와 삼국~통일신라시대의 유물포함층이 확인되었다. 작은 돌 여러 매를 반원형으로 돌려서 어떤 시설을 구축하려 한 흔적도 확인되었는데, 현대의 민간신앙과 관련된 제사장소로 이용되었을 가능성이 있다. 따라서 파동 유적은 선사시대에 임시거주지로 이용되었던 곳이 후대에 거석신앙의 장소로 이용된 사례이다.

위의 사례는 영남지역, 그 속에서도 신라 권역에 분포하는데, 호서 및 호남지역에도 유사한 사례가 있다. 충청남도 홍성군 상정리 유적에는 높이 1.3m 및 0.7m 정도의 바위가 마치 입석처럼 우뚝 솟아 있고, 그 사이에는 높이 0.4m 내외의 작은 바위 여러 매가 드러났다. 여기서 선사시대의 석부를 비롯하여 통일신라시대 말기에서 고려시대 초기에 해당하는 토기가 출토되었으며, 가장 큰 바위 주변으로는 작은

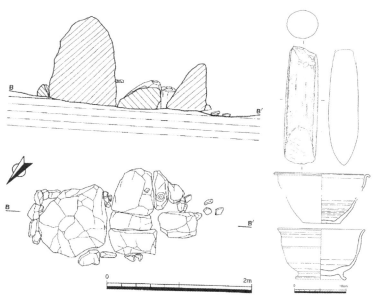

그림 2　홍성 상정리 유적의 거석과 출토 유물

돌들이 규칙적으로 놓인 모습도 확인된다. 이를 통해 이 유적 역시 자연 바위를 대상으로 어떠한 목적의 의례를 행하였던 곳으로 추정된다 (충청문화재연구원 2005).

　　고흥 도천리의 제단지석묘 상석 아래에서 의례에 사용된 것으로 추정되는 청동기시대 토기편과 통일신라시대 토기편이 수습되었다. 이 상석은 윗면이 편평한 모양이어서 통일신라시대에 거석제단으로 이용되었을 가능성이 있다고 한다(국립광주박물관 2001). 무안 성동리 안골 나군 8호 지석묘의 묘역 가장자리 부분에서 통일신라시대 토기 뚜껑이 한 점 출토되어 거석숭배사상과 관련된 유물로 판단되기도 하였다(목포대학교박물관 1997). 따라서 지석묘 상석이 통일신라시대 거석신앙의 대상물로 이용되었던 것은 특정 지역에 한정된 현상은 아니다. 선사시대부터 이어져 온 거석을 신성시하는 풍습이 통일신라시대에도 광범위한 지역에 분포하고 있었다.


## 5. 고려～조선시대의 사례

지석묘 상석에 남겨진 고려시대의 흔적은 매우 적다. 1960년대에 조사된 영종도 운남리의 탁자식 지석묘에서 고려시대의 토기와 청자가 출토되었다. 이와 함께 나온 목탄의 방사성탄소연대도 고려시대에 해당하는 것으로 측정되어서, 고려시대 무덤 축조에 선사시대 지석묘를 재이용하였을 가능성이 제기된 바 있었다(최숙경 1966). 지금의 시각에서 보면, 당시에 측정된 방사성탄소연대의 신뢰성에 의문이 들 수도 있겠지만, 고고자료와 문헌자료를 두루 이용하면서 지석묘의 후대 재이용을 추론하고 있는 점은 주목할 만하다. 발굴조사 자료가 폭증한 현시점에도 고려시대에 지석묘 상석의 재이용 사례나 연구가 드문 점을 생각하면 더더욱 그러하다.

고려시대에도 지석묘 상석을 대상으로 행해진 민간신앙이 있었을 것이지만, 이후에도 관련 행위들이 거듭되면서 물질자료 상으로는 잘 남지 않는 것 같다. 일반적으로 상석 주변에서 고려시대의 유물만 출토되는 경우는 드물지만 그 이후 시대의 관련 유물들 속에 고려시대의 것들이 조금씩 포함되는 경우는 더러 있다. 또 우리나라에서 '지석(支石)'이라는 용어가 처음 등장하는 고려시대 문헌인 이규보의 『동국이상국집(東國李相國集)』에 다음과 같은 기록이 있다.

"다음날 금마군으로 향하려 할 때, 이른바 지석(支石)이란 것을 구경하였다. 지석이라는 것은 세속에서 전하기를 옛날 성인(聖人)이 고여 놓은 것이라 하는데, 과연 기적으로서 이상하다 하겠다."[9]

이로 보아 고려시대에도 지석묘 상석처럼 정연한 모양의 거석은 초자연적이고 신비스러운 것으로 여겨졌기 때문에, 조선시대 및 근현대의 민간신앙에 이용되었던 양상과 크게 다르지 않을 것이다.

이에 비해 조선시대의 관련 사례는 꽤 있는 편이다. 성주 성산동 유적에는 지석묘 상석으로 추정되는 거석 여섯 기를 후대에 이동시켜 일정한 간격을 두고 세 기씩 2열로 배치한 양상이 드러났다(영남문화재연구원 2017). 상석들 사이에는 석단(石壇)과 석축시설이 설치되었으며, 백자대접 등이 출토되어 조선시대의 거석신앙과 관련된 것으로 판단된다.

지표조사에서 지석묘 상석으로 추정되었던 구미 구평동의 거석

---

9  『東國李相國集』卷二十三, 南行月日記, "明日 將向 金馬郡 求所謂支石者觀之 支石者 俗傳古聖人所支 果有奇迹之異常者."

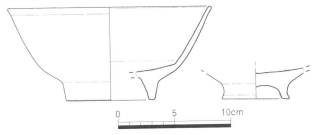

사진 18  성주 성산동 유적

**사진 19 구미 구평동 지석묘**

두 기 중 한 기는 조선시대에 석렬(石列)을 설치하고 그 위로 옮겨진
것이다. 출토 유물로는 삼국시대 토기편을 비롯하여 15~16세기의 백
자편들이 다수 확인되었으며, 백자 저부편은 특정 부분을 의도적으로
훼손한 후 던져 놓은 것으로 추정된다. 이로 보아 이 거석 역시 조선시
대 거석신앙의 일면을 보여주는 자료라고 할 수 있으며(영남대학교박물
관 2000), 현재 영남대학교박물관 야외전시장에 이전 복원되어 있다.

부석(敷石)시설 위에 높이 1.6m의 상석이 놓인 의성 초전리 지석
묘도 아래에 무덤방이 없다(경상북도문화재연구원 2012). 상석 윗면에는
성혈이 아홉 개 확인되었으며, 부석시설을 이루고 있는 돌들 사이에서
의례와 관련된 청동기시대 토기편과 조선시대 자기편이 출토되었다.
이 거석 역시 조선시대의 민간신앙과 관련이 있을 것이다.

그리고 청동기시대 제단지석묘의 적석시설에서 고려~조선시대
의 유물이 출토되는 사례들도 적지 않다. 그 가운데 밀양 용지리 유적
을 보면(우리문화재연구원 2009b), 장방형의 적석시설 위에 상석이 놓이
고 그 아래에 무덤방은 없는 구조이다. 적석시설에서는 청동기시대의

사진 20  의성 초전리 유적 제단지석묘

사진 21  밀양 용지리 유적 제단지석묘

반달돌칼 및 삼국시대의 토기편과 함께 고려~조선시대 자기편과 기와편이 다수 출토되었다. 선사시대의 의례 시설물이 역사시대의 거석신앙에도 활발하게 이용되었음을 보여주는 유적이다.

남해 당항리 2호 지석묘는 상석 아래에서 수습된 자기편들을 통해 조선시대에 마을 주민들이 소원을 비는 신성한 제의공간으로 활용되었을 것으로 추정되었으며(삼강문화재연구원 2021), 김해 내동 2호 지석묘 상석 아래의 적석 사이에서 출토된 높이 4.1*cm*의 백자완(白磁碗)은 후대인들이 큰 바위에 치성을 드릴 때 사용한 것으로 추정되었다(동의대학교박물관 1988).

중부지역에도 여러 사례들이 있다. 안성 만정리 신기 1호 지석묘 상석 바로 옆에서 단경호와 그 위에 덮인 분청사기접시, 분청사기대접

사진 22　남해 당항리 2호 지석묘 상석 및 출토 유물

과 그 뚜껑으로 이용된 도기 저부가 출토되어 조선시대 태항아리로 추정되었는데, 이 역시 거석숭배와 관련이 있다고 한다(경기문화재연구원 2009). 이천 수하리 및 현방리 지석묘와 평택 내천리 지석묘에

**사진 23   김해 내동 지석묘 출토 백자완**

서도 거석숭배와 관련된 청자·백자·분청사기가 출토된 바 있다(세종대학교박물관 2000; 2003). 그리고 보고문에 거석신앙을 직접적으로 언급하지는 않았지만, 광명 철산동 지석묘의 경우 무덤방 내에서 백자·청자·기와편이 출토된 점과 더불어 벽석과 상석 하단에 불에 그슬린 흔적이 있다는 점에서(한양대학교박물관 1985) 조선시대에 민간신앙과 관련한 행위가 있었을 가능성이 높다.

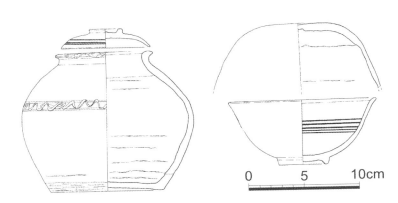

**그림 3   안성 만정리 지석묘 출토품**

사진 24 　광명 철산동 지석묘

# Ⅳ. 근현대의 지석묘 상석

## 1. 거석에 대한 숭배와 금기

### 1) 거석신앙의 전통

지석묘 상석이 근현대 민간신앙의 대상으로 활용된 사례는 일일이 열
거하기 벅찰 정도로 전국 각지에 분포한다. 주로 마을제사인 당산제
또는 동신제를 지내거나 개인적인 소원을 비는 곳으로 이용되었다. 칠
성바위 및 거북바위로 불렸던 것에는 무병·장수·다산을 기원하는 풍
습이 있었다고 지석묘 연구의 초창기부터 알려졌다.

　　전라남도 순천에는 주민들이 병이 들거나 어려운 일이 있을 때
지석묘 상석에 소원을 빌고 숭배하던 풍습이 20세기 초에 알려졌는데
(鳥居龍藏 1926), 이로 보아 그 이전인 조선시대에도 그러한 풍습이 있
었음을 짐작해 볼 수 있다. 평안도에는 지석묘 상석 앞에 베·비단이
나 조·콩 등의 음식을 차려놓고 기침이나 아이의 병을 낫게 해달라고
빌었던 풍습이 있었으며, 실제로 양덕군 룡전리와 맹산군 달천리의 파
손된 지석묘 안에서 조·기장이 담긴 도기(陶器)가 발견되기도 하였다
(손진태 1934). 또 1962년 민가 마당에 있던 밀양 검세리 지석묘 상석은
당시 아이를 낳게 해 달라고 산신(産神)에게 비는 곳이었다(밀양문화원
1987). 이렇게 지석묘 상석이 민간에서 거석신앙으로 숭배되었던 모습

사진 25 창원 덕천리 6호 상석

은 근현대사회에서 전통적이고 보편적인 풍습이었다.

고고학 발굴조사를 통해 지석묘가 후대의 거석신앙에 활용되었던 정황이 드러난 사례를 몇 가지 살펴보면 다음과 같다. 지석묘로 추정되었던 창원 덕천리 유적 6호 상석은 조사 결과 무덤방이 없고 지표면에 놓인 상태 등 여러 정황상 지석묘가 아닌 것으로 판명되었는데, 마을 입구에 위치한 이 거석은 마을 사람들에게는 신앙의 대상이었다 (경남대학교박물관 2013). 아래와 같은 보고문의 내용은 거석에 얽힌 민간신앙적인 모습을 생생하게 담아내고 있어 고고자료인 동시에 민속자료로서의 가치도 잘 살려내었다.

"처음 이 돌을 들어내기 위해 마을을 방문하였을 때, 마을의 한 노파가 잠시 기다리라고 하고는 집으로 가서 사기그릇에 소금을 가득 담아 가지고 왔다. 그 노파는 소금이 들어 있는 그릇 채로 바위에 던져 박살을 내면서 무언가 주문 같은 것을 외었다. 이제 돌을 옮기려 하니 돌에 서려 있는 귀신에게 다른 곳으로 가라고 하는 내용이었던 것 같았다. 이 과정을 보면서 이것이 바로 의례이고, 의례행위의 결과 남는 것은 돌 주변에 흩어진 깨어진 사기조각뿐이라는 사실을 깨달았다.” (경남대학교박물관 2013: 111)

이와 더불어 평안남도에서 기침하는 아이들이 음식이나 곡물을 담은 접시를 지석묘에 던지면서 ‘기침떼어 달라’고 외치는 풍습이 있었던 것을 보면(손진태 1934), 근현대에 거석을 향해 그릇을 던지고 소원을 비는 행위는 민간에서 행해지는 의례행위의 주요한 모습 중 하나라고 할 수 있겠다. 이러한 행위 이후에 남는 것은 지상에 흩어진 깨진 그릇 조각들과 그 속에 담긴 유기물이며, 시간이 지나면 그릇 조각들만 남게 된다. 지석묘 주변에서 확인되는 무문토기편과 석기편, 고대 및 중·근세의 토기편과 자기편들을 통해서도 이러한 의례행위가 있었다고 추측되기도 하였다. 그렇다면 유기물이 담긴 그릇을 던지면서 소원을 비는 행위는 선사시대부터 현대사회까지 이어지고 있는 거석의례에 있어서의 구체적인 행위의 한 유형으로 볼 수 있을 것이다.

지석묘 상석 혹은 그렇게 추정되는 거석이 개발에 따른 발굴조사 이후에도 소멸되지 않고 다른 곳으로 옮겨져서 보존되는 경우도 적지 않다. 도로개설로 인해 발굴조사 된 울산 향산리 청룡 유적에는 거석 한 매와 이것을 받치는 지석 아홉 매가 확인되었다. 이 거석은 예로부터 신성시하여 온 풍습이 있어서 조사 후 주민들의 요청에 따라 도로 외곽으로 이전 복원되었다(울산문화재연구원 2005). 아마도 절반으로 갈라진 모습이 이 거석의 신성성을 더 높여 주지 않았을까 한다. 광주댐 수몰지구의 발굴조사에서 확인된 충효동 지석묘의 경우, 상석의 규모가 가장 큰 7호 지석묘를 전남대학교박물관으로 이전하려고 하였으나 마을 주민들의 반대로 상석은 원위치에 두고 하부구조만 이전 복원하였다(전남대학교박물관 1979). 상석의 위치 이동을 쉽게 받아들일 수 없었던 마을 주민들의 마음속에는 오랫동안 이어져 온 민간신앙으로서의 거석숭배사상이 자리하고 있었던 것이다.

또 상석 앞이나 주변에 돌로 된 제단이 설치되기도 하였다. 경주

사진 26  울산 향산리 청룡 지석묘

사진 27  순창 내동리 1호 지석묘

다산리 3호 지석묘는 1960년대에 상석 앞에 제단을 설치하여 바위신앙의 대상으로 삼았다고 한다(경주문화재연구소·국립경주박물관 1994). 영암 몽해리에는 마을에 젊은이들이 많이 죽어서 앞으로는 그러한 일이 없도록 정월 보름에 제사를 지내기 위해 주민들이 야산 정상부에 있는 상석 주변에 제단을 만들었다(목포대학교박물관 1999). 이밖에 순창 내동리 1호 지석묘도 근대까지 상석을 대상으로 제사를 지내왔으며(호남문화재연구원 2007), 양평 양수리 지석묘처럼 윗면이 편평한 상석은 무속인들의 제단으로 사용되기도 하였다(경기도박물관 2007).

## 2) 금기사상

위와 같이 거석을 신성시하는 풍습은 이와 관련된 여러 가지 금기(禁忌)를 낳았다. 지석묘 상석과 관련된 금기의 사례 몇 가지를 보자. 곡성 연화리 A-1호 지석묘 상석은 여러 덩어리로 파괴되어 있었는데, 마을 주민들에 따르면 예전에 돌을 이용하기 위해 깨뜨렸으나 불미스

사진 28　함안 용정리 6호 지석묘

러운 일이 생겨서 파괴만하고 석재로는 사용하지 않았다고 한다(국립
전주박물관 1997). 함평 나산리 방하 지석묘에는 상석을 깨뜨린 돌을 이
용하여 둑을 높이자 마을에서 남자들이 죽었다고 하여, 이후로는 그러
한 행위를 하지 않게 되었다는 이야기가 있다(이현석 1990). 함안 용정
리에는 십 여기의 지석묘가 있었는데, 1호를 여자, 7호를 남자에 비유
하여 이것이 훼손당하면 마을에 큰 일이 생긴다고 하여 금기시되었다.
6호에 대해서는 옛날 이 돌이 벼락을 맞았는데 동네의 어떤 사람이 벼
락 맞은 돌을 갖고 있으면 운수가 있다고 믿어서 돌의 일부를 떼어갔
는데, 그 후 얼마 되지 않아 피를 토하고 죽었다고 한다(아라가야향토사
연구회 1997).

집안의 흥망성쇠에 대한 이야기에도 금기와 관련된 내용이 있다.
함안 이령리 지석묘는 어떤 사람이 이것을 문중의 비석으로 사용한 이
후 집안이 망했다는 이야기가 있어 주민들에게 금기시되어 왔으며, 함
안 예곡리 야촌 지석묘는 훼손시킨 사람이 큰 화를 당하거나 집안이
망했다는 이야기가 전해지면서 함부로 접근해서는 안 되는 것으로 인
식되었다.

금기란 인간의 행동 일부를 지배하는 심리적 요소로서 여러 종교
와 다양한 정치·사회적 환경 등 인간사회의 여러 부분에서 작동한다
(국립민속박물관 2010). 오늘날 '손 없는 날'을 택하여 이사하는 풍습이
여전하듯이, 임신·출산·상례·이사·결혼 등에 대한 간절한 마음에서
해서는 안 될 것 또는 해야 할 것을 실천함으로써 우리의 삶이 원활해
진다고 믿고 있다.

이와 같이 민간에서 지석묘 상석을 대상으로 신성시하고 금기시
하였던 모습은 현대사회뿐만 아니라 그 직전인 일제강점기 때의 조사
에서도 엿볼 수 있다. 조선총독부 고적조사과에 근무하였던 고이즈미
아키오[小泉顯夫]는 1927년에 전남 고흥 운대리에서 석관묘와 지석묘

여러 기를 조사하였다. 그 때 한 농가의 뒷마당에 있는 지석묘 상석의 사진을 찍으려 하자 처음에는 상냥하게 맞아주었던 여주인이 갑자기 돌변하여 한바탕 소동이 일어났고, 다른 사람의 신앙을 침해하면서까지 조사를 수행할 수는 없다고 판단하여 중지하였다고 한다(小泉顯夫 1986).

> "… 부락의 어떤 집 뒷마당에 큰 돌이 있고, 그 앞에서 여기서 보이는 것과 같이 판석이 둘러쌓인 모습이 보인다고 … 그 농가를 방문했다. … 주모처럼 보이는 여성이 상냥하게 가게를 통과해 뒷마당으로 안내해 주었다. 마당은 대숲과 잡목으로 둘러싸여 상당히 넓었으며, 이야기대로 판석의 일부가 장방형 구획으로 나타났으며 … 편평한 화강암이 대숲 앞에 있고, 옹기 등을 놓는 자리가 마련되어 있었다. 나는 동행한 군청 직원을 통하여 석관 내부와 지석묘 상석의 조사를 제의하고, 조사에 의한 손해배상은 물론, 복구도 우리 쪽에서 하겠다고 은근히 말했다. 그럼에도 불구하고 여주인의 태도가 갑자기 변하더니 '이것은 내 집 귀신의 거처라서 조금이라도 만져봐라, 용서하지 않겠다'며 굉장히 무서운 얼굴을 하고 줄자로 크기를 재려고 하는 나에게 덤벼들고 테이프를 잡아 찢으려고 하는 등 소동이 일어났다. 최소한 사진만은 찍으려고 삼각대를 세우려고 하면 이번에는 삼각대에 덤벼들고 사진기를 잡아당겨 넘어뜨리려고 하는 등 전혀 이해할 수 없는 행동을 하였다. 놀란 경찰관이 그 여자를 막으려고 하자 뭘 생각했는지 갑자기 상의를 벗고 상반신을 노출시키고 석관 위에 큰 대자로 반듯이 누워 '자! 찍을 수 있으면 찍어봐라'하며 여전히 무서운 얼굴을 했다."(小泉顯夫 1986: 223)

또 창녕 유리 지석묘에 대한 마을 원로들의 이야기에 따르면, 이곳의 지석묘는 여러 기 가운데 일부만 남은 것으로 일제강점기 때의 도로공사로 모두 없어질 위기에 처하였던 것을 마을 유지들이 보상금을 지불하고서 살려낸 것이라고 한다(김재원·윤무병 1967).

"마을 노인들의 이야기로는 원래 이곳에 칠성바위가 있었던 것을 일정(日政) 초기에 실시한 도로공사 때 관계자들이 채석할 목적으로 모조리 파괴하려는 것을 마을 유지(有志)들이 겨우 말려서 일금(一金) 이십원(貳拾圓)을 도리혀 보상금으로 지불하고 간신히 이것만을 그 목숨을 건졌다는 것이다. 칠성바위들이 소재하였다고 가리키는 지점들은 흔히 지석묘들이 입지할만한 장소임에 틀림없었으며 그중 한군데에는 근래에 석괴(石塊)를 채취하기 위하여 파헤친 자리에 지하구조의 일부로 생각되는 판석들이 나타나 있는 것을 볼 수 있었다(A지점). 칠성바위라고는 하지만 실지로 지석묘들이 분포한 수는 십 기를 넘었던 것 같으며 우리들은 그중에서 다

**사진 29  창녕 유리 지석묘**

섯 개소를 발굴하여 …" (김재원·윤무병 1967: 173)

이렇게 보면 현대사회에 널리 퍼져 있는 지석묘 상석에 대한 민간신앙적인 거석숭배는 특정 시대에 한정되지 않고 역사시대 전체를 관통하면서 현대사회까지 지속적으로 이어져 오고 있음을 알 수 있다.


## 2. 전설의 생성

예로부터 산봉우리나 큰 바위에는 민간의 생활에서 생성된 다양한 이야기들이 전해져 온다. 바위의 생김새를 소재로 하거나 신화적인 인물이 등장하기도 하며, 때로는 실존하였던 역사적인 인물과 연계시킨 이야기까지 다종다양하다. 그 속에서 거석은 신체(神體)와 동일시되는 경우가 많다. 보통사람의 힘으로 옮길 수 있는 것이 아니라고 생각되었던 지석묘 상석에도 민간의 이야기가 구전설화로서 깃들어 있는 것이 적지 않다. 일반적으로 설화(說話)는 신화·민담·전설 등으로 나누어지는데, 지석묘 상석이나 큰 바위에 얽힌 이야기는 주로 입에서 입으로 전해지던 전설에 해당할 것이다.

지석묘가 처음 외국에 소개되었을 때에는 선사시대의 무덤이 아니라 전설이 깃든 신비스런 바위로 알려졌다. 19세기말 조선의 영국 부영사(英國副領事)였던 찰스(Carles)의 여행기에 당시 경기도 포천에 있었던 지석묘가 잠깐 언급되어 있는데(W. R. Carles 1888), 이것이 지석묘가 서양 문헌에 최초로 소개된 사례라고 한다(손진태 1934). 그 내용을 보면, 두 개의 작은 돌 위에 거칠고 편평한 돌이 놓여 있어 매우 이상한 물건처럼 보였다고 하면서, 이곳의 풍속에 따르면 그 편평한 거석은 임진왜란 때 일본인들이 조선의 지세(地勢)를 누르기 위해 가져다 놓은 것이라는 민간의 설화가 짧게 제시되었다. 언더우드(Underwood)의 문헌에는 지석묘 상석을 토지신(土地神)에 제사지내던 제단으로 소개하고 있다(Underwood, H. G. 1910).

20세기에 들어와서 한반도의 지석묘를 학문적인 차원에서 선사시대의 무덤으로 인식하기 시작하였던 도리이 류조의 연구에도 당시 민간에 전해오던 설화가 언급되어 있다. 조선에 위대하고 똑똑한 사람들이 많아 그 번영을 막기 위해 중국인들이 퍼뜨린 거대한 돌이라거나, 천상(天上)의 신(神)들이 놓고 간 돌이라는 내용이다(鳥居龍藏 1926). 이처럼 지석묘 상석은 선사시대의 무덤인 동시에 나름의 이야기를 간직한 역사시대의 민속자료였다.

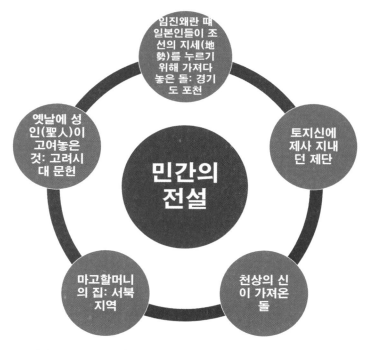

그림 4　지석묘에 대한 인식(19세기말~20세기초)

## 1) 마고할미 전설

### (1) 여성 거인이 옮긴 거석

지석묘 상석에 얽힌 여러 설화에서 자주 등장하는 인물이 이른바 '마고할미'이다. 마고할미는 지석묘를 비롯하여 큰 바위나 돌무더기는 물론 전국 각지의 사당이나 산성 등을 대상으로 한 구비전승 거인설화의 주인공으로 자주 등장한다. 특히 대규모 산성이나 특이한 모양의 바위에는 마고할미가 쌓고 놓았다거나 운반하는 도중에 흘린 것이라는 이야기가 여러 지역에 산재해 있다(석상순 2013). 그 가운데 지석묘와 관련된 것으로는 다음과 같은 것들이 있다.

평안남도와 황해북도 일대의 탁자식 지석묘에 깃든 여러 전설 가운데 마고할미의 집이라는 이야기가 전해 온다. 평안남도 강동군의 지석묘는 마고할미를 위해 장수들이 지어 준 집, 양덕군 문흥리 지석묘는 마고할미 자신이 직접 지은 집이라는 이야기가 있다(손진태 1934). 무덤방이 지상에 드러난 탁자식 지석묘의 모습이 마치 집과 같아서 그러한 전설이 생긴 것으로 보인다. 황해북도 봉산군의 지석묘에는 돌을 운반하는 모습이 묘사되어 있는데, 마고할미가 넓고 편평한 돌을 하나는 머리에 이고 두 개는 겨드랑이에 끼고 잔등에도 하나를 지고 와서 만들었다고 한다. 또 평안남도 맹산군 맹산읍의 지석묘에 사는 마고할미는 매우 인자해서 가난한 사람들에게 옷을 벗어 주고 자신은 그 속에서 나오지 않았다는 이야기도 있어(손진태 1934), 민간에 친근한 이미지로 묘사되고 있다.

이에 비해 남한지역에는 탁자식 지석묘가 적고 지상에 큰 상석만 드러난 기반식(남방식) 지석묘가 많아서인지, 집이 아니라 거인의 할머니가 옮겨다 놓은 돌로 묘사되는 일이 많다. 각 지역별로 살펴보면, 강화도 장정리 장곡마을 일대에 분포하는 여러 지석묘에 대해, 중국의 천자가 힘이 센 마고할미를 조선으로 보내어 산맥마다 큰 돌을 놓

사진 30  포천 수입리 지석묘

게 하였는데, 이것은 마고할미가 뛰어가는 와중에 머리에 이고 양손과 사타구니에 끼웠던 돌들이 떨어진 것이라고 한다(한국정신문화연구원 1982). 경기도 포천시 향토유적 제33호로 지정된 포천 수입리 지석묘에는 마귀할머니가 돌을 옮겨 놓았다는 이른바 노고설화(老姑說話)가 전해지는데(한상수 1986), 이때의 마귀할머니는 원래 마고할미였을 가능성이 없지 않을 것이다. 뒤에 나오는 함안지역 지석묘에도 언급되듯이 말로 전해지는 구전설화의 특성상 시간이 지나면서 변형되었던 것 같다.

　　남부지역으로 내려오면, 전라남도 화순 지석묘군에는 '○○바위'로 알려진 각각의 지석묘 상석마다 예부터 전해오는 여러 이야기들이 있다. 마고할미 이야기는 핑매바위·치마바위·각씨바위에 있으며, 그 가운데 가장 대표적인 것은 핑매바위 지석묘로서 길이 7m, 높이 4m에 이르는 초대형 상석이다. 마고할미가 운주골에서 천불천탑을 모은다는 소문을 듣고 치마에다 돌을 싸가지고 가는데 닭이 울어 탑쌓기가 끝났다고 해서 도중에 돌을 놓아두었고, 그 중 하나를 발로 차버려서 지금의 자리에 놓인 것이라고 한다. 또 돌을 싸가지고 가던 마고할미의 치마폭이 터져버려서 놓고 간 돌이라는 이야기도 있다(표인주 1999). 이러한 내용상의 차이는 복수의 제보자로부터 자료를 수집하는 민속조사의 특성상 흔히 있을 수 있다.

경상남도에는 밀양·창녕·함안지역에 이와 유사한 전설이 전해 온다. 밀양 내진리와 송백리의 지석묘에는 힘이 센 거인 할머니가 중국의 만리장성 축조를 위해 돌을 운반하다가 장성이 완성되었다는 소식에 이곳에 버렸다는 '할망구' 전설이라는 이름의 이야기가 알려져 있다(밀양문화원 1987). 창녕 유리 지석묘에도 거의 같은 줄거리의 이야기가 전해 온다. 중국의 천태산에 사는 마고할미가 만리장성을 쌓으려고 돌을 모은다는 소문을 듣고 채찍으로 남해의 돌을 가져오다가 장성이 완성되었다는 소식에 지금의 이곳에 내려놓았다는 전설이다.[10] 그리고 함안 이령리 지석묘는 옛날에 어떤 할머니가 돌멩이를 치마폭에 싸서 흩트려 놓은 것이라고 하는데(아라가야향토사연구회 1997), 여기에 나오는 할머니 역시 마고할미일 것이다. 구전이라는 특성상 시간이 지나면서 표현의 변형이나 내용의 변이가 빠르게 일어날 수 있기 때문에 아마도 '마고'가 탈락되고 '할머니'만 남은 것이 아닌가 한다.

'마고(麻姑)'는 중국의 위진시대(魏晉時代)를 배경으로 한 『신선전(神仙傳)』이라는 옛 문헌에 구체적으로 묘사되어 있듯이 도교적 신선세계의 선녀였다.[11] 우리나라에서는 중국의 영향으로 통일신라시대 및 고려시대의 문학작품에 드물게 나오다가 조선 전기 문인들의 작품

---

**10**  https://www.cng.go.kr/country/cntwn011/00001703.web(창녕군청 홈페이지)

**11**  『神仙傳』第三卷 王遠.

사진 31　핑매바위

에 많이 등장한다. 그때까지는 중국의 문헌에 나오는 것과 같은 젊고 아리따운 신선의 모습이었다. 그러다가 조선 후기에 와서는 일부의 문학작품과 많은 구전설화에서 선녀가 아닌 거인의 할머니로 그 모습이 바뀐다. 이러한 변화는 마고가 지식인층이 동경하던 대상에서 서민층에게 친근한 존재로 그 성격이 바뀌었음을 의미한다(송화섭 2008). 그렇다면 지석묘 상석에 전해지는 마고할미 전설은 대략 18세기 이후의 어느 시점에 생성되어 사람들의 입으로 전해지면서 확산되어 지금에 이르렀을 것으로 예상된다.

(2) 친근한 거인

거석은 보통사람들의 힘으로는 움직일 수 없을 것이라는 생각 때문인지 그에 얽힌 이야기에는 종종 거인이 등장한다. 거석을 대상으로 한 거인설화나 거인신화는 세계 각지에 분포하면서, 우주를 생성하고 인류를 창조하며 지형을 형성하는 등의 내용을 이루고 있어서 창조신화의 형식을 띠는 경우가 많다. 이에 비해 지석묘에 얽힌 마고할미 이야기는 창조신화적인 성격과는 거리가 멀다.

한국의 구전설화에서 여성거인의 행위 중 가장 흔하게 보이는 것이 큰 돌이나 바위를 옮기는 것이며(권태효 2002), 마고할미 전설도 거인설화의 한 종류에 해당한다. 앞의 사례들에서 보듯이 내용상 약간의 차이는 있지만 여신(女神)으로 보이는 거인 할머니가 큰 돌을 나르다가 떨어뜨리거나 놓고 간 것이라는 공통점이 있어, 마고할미라는 인물은 지역에 따른 차이보다는 공통된 인식에 기반하여 구전되어 왔다고 할 수 있다.

마고할미 외에도 여러 구전설화에는 할머니 이름을 한 신들이 자주 등장한다. 제주특별자치도 서귀포시 표선면의 당개 포구에 있는 해신당에서 당신으로 섬겨지고 있는 '설문대할망', 전라북도 부안군을 비롯한 서해안 일대에서 어민들의 수호신으로 모셔지고 있는 '개양할미', 강원도 삼척의 '서구할미', 경상도 동부 지역의 '안가닥할미' 등이 있다. 이들은 여성거인신적 존재로서 그 행위나 성격에서 마고할미와 유사한 점이 많아 마고할미의 지역적 변이형으로 파악되기도 한다(국립민속박물관 2010). 그러나 이러한 각지의 다양한 거인 할머니 이름은 주로 자연 바위에 얽힌 설화에 나오며, 지석묘를 대상으로 한 설화에는 단연 마고할미가 많다.

이처럼 '마고'는 현대사회에도 여전히 민간의 인식 속에 살아 있어 이를 모신 석축제단이나 사당이 지금도 기능하고 있다. 지리산 노고단은 마고신에게 제사하는 제단이며, 강원도 태백산에 있는 적석제단인 천제단은 마고탑으로 불리기도 한다(이필영 2005). 부산에 있는 '장산 마고당'은 조선 후기 지역 수호신이었던 마고할미를 모시는 제당이다(부산광역시사편찬위원회 2005; 국립민속박물관 2010). 또 마고할미는

사진 32  장산 마고당

한반도 고유의 여신으로서 민속학이나 국문학에서의 연구는 물론 최근에는 동화나 연극의 소재로도 활용되고 있다(조현설 2013).

현대사회에도 여전히 널리 알려지고 있는 마고할미라는 여성거인은 조선 후기 이래로 서민층에게 친숙한 여신으로 정착되어 왔다. 지석묘에 기원하는 내용도 장수·다산·출세 등과 같은 현실적인 문제여서, 서민의 민간신앙에 깊숙이 파고든 여성신으로서의 모습이 지석묘를 통해 조선 후기 이래로 지금까지도 계속되고 있는 것이다.

## 2) 칠성바위 전설

칠성신앙은 도교에서 북두칠성을 신앙하는 것에서 비롯되었다고 하는데, 별을 신앙의 대상으로 하는 것은 특정의 문화나 종교에만 한정되지 않고 세계 각지에 보편적이다. 우리나라에서 칠성신앙은 무병과 장수를 소망하고, 농사가 잘 되기를 빌며, 자식이 출세하기를 바라는 민간신앙의 하나이며, 지석묘 상석은 칠성신의 신체(神體)로 여겨졌다. 예전에는 특히 어린아이가 단명(短命)하지 않도록 큰 바위에 기도하였으며, 고려·조선시대에는 기우제 때에 칠성신을 모셨다고 해서 비의 신으로 여겨지기도 하였다.[12] 이처럼 칠성신앙은 민간의 생활과 밀접한 관련을 가지면서 전국 도처에 그 자취가 남아 있다.

황해도 일대에서는 지석묘가 배치된 모양이 별자리와 비슷해서 칠성바위라고 부르면서 신성시하였다. 여기에 자손을 빌어 그로 인해 낳은 아이의 이름을 칠성(七星)이라고 지었는데, 지석묘가 있는 곳과 그 부근에 그러한 이름의 사람이 많았다는 민속 사례가 일찍부터 알려졌다(한흥수 1935).

유사한 사례는 전국 각지에 있다. 충청남도 당진 슬항리에는 지

---

12　한국민족문화대백과사전(http://encykorea.aks.ac.kr).

금은 개발로 소멸되었지만 지석묘 일곱 기가 나란히 있어 칠성바위로 불리었다. 옛날에 나이 마흔이 넘도록 자식이 없던 한 원님이 슬항리에 와서 경치를 즐기다가 시조를 읊조리며 주위를 둘러보면서 나란히 서 있는 저 바위들이 꼭 나의 일곱 아들이 서 있는 것 같다고 탄식하듯 말하였다. 그리고 나서 며칠 뒤 그의 부인에게 태기가 보이더니 아들 칠형제가 태어났고 잘 성장하여 출세하였다고 한다. 이후 전국에 소문이 퍼지면서 자식 없는 사람들이 이 칠성바위에 치성을 드리러 모여들었고, 마을 사람들은 칠성바위를 귀중히 여겨 해마다 정월 보름이면 그 전날부터 시작해 사흘간 크게 제사를 지냈다(당진문화원 1993).

전라북도 고창군 성내면 산림리 지석묘에는 다음과 같은 이야기가 전해온다. 옛날 한 장군이 일곱 명의 장수들에게 승전의 의지를 다지는 차원에서 장검으로 바위를 찍게 하였고, 이로 인해 일곱 개의 구멍이 생겨서 칠성바위라 부르게 되었다. 그런데 상대하는 적이 매우 용맹하다는 소문에 병사들이 제대로 싸우지도 않고 달아나 버렸는데, 일곱 장수들만은 꼼짝하지 않고 적을 기다리며 부동자세로 서 있다가 각기 농바위·거북바위·낙산바위·석양바위·항월바위·월성바위·백갑산바위가 되었다고 한다(고창군지편찬위원회 2009).

대구·경산 일대에도 칠성바위로 불렸던 지석묘가 여러 곳에 있다. 대구 칠성동 지석묘에는 조선시대 경상도 관찰사(觀察使)였던 이태영이 대구읍성 북문 밖에 일곱 개의 별이 떨어지는 꿈을 꾸었는데, 다음날 그곳을 찾아가보니 이전에 없었던 일곱 개의 큰 바위가 북두칠성 모양으로 놓여 있었다. 그는 이것을 상서로운 징조라고 생각하여 바위마다 일곱 아들의 이름을 새겼고, 나중에 그 아들 중 여섯 명이 벼슬을 하였다고 한다(최상수 1958; 박영준 1975). 그 후로 아들을 얻으려는 사람들이 이곳을 찾아와서 치성을 드렸다(양도영 2002; 택민국학연구원 2009). 또 경산 고죽리에도 칠성바위로 불리는 지석묘가 여러 기 산재해 있으며, 마을 주민들은 해마다 정월 초하룻날 이 바위에 술과 음식을 차려 놓고 출산과 자식들의 무사함을 비는 풍습이 있었다고 한다

**사진 33  대구 칠성동 지석묘**

(이동근 2005).

### 3) 그 밖의 여러 가지 이야기

지석묘에는 장군·고양이·산신령·혼인·출산 등과 관련된 여러 이야기가 깃들어 있다. 장군 등으로 묘사되는 어떤 큰 인물과 관련된 이야기를 보면, 함안 세만이라는 마을에는 십 여기의 지석묘가 있으며 이 가운데 1호 지석묘에는 용두산 자락에 옹달샘이 하나 있어서, 지석묘는 벼루이고 샘은 먹물이므로 이곳에 집을 짓고 살면 큰 문필가가 배출된다는 이야기가 전해 온다(아라가야향토사연구회 1997). 또 함안 내인리에 있는 다섯 기의 지석묘는 옛날에 장군이 공기놀이를 하던 돌이라는 이야기가 있다(아라가야향토사연구회 1997). 창녕 유리 지석묘에는 앞에서 본 마고할미 전설 외에도, 조선시대에 이곳에서 치성을 드리면 급제(及第)한다 하여 지역 유생들이 지석묘 앞에서 절을 하고 과거길에 올랐다고 한다.

　　산신령과 관련된 이야기로는 함안 오곡리 가메실 2호 지석묘에

**사진 34　함안 오곡리 가메실 2호 지석묘**

얽힌 전설이 있다. 옛날 마을에 도둑과 산짐승 때문에 피해가 심해지자 산 정상에 올라 백일기도를 올리니, 산신령이 나타나서 큰 돌을 마을 입구에 놓아두면 만사가 형통한다고 해서 놓아 둔 것이라는 이야기가 전해지며, 최근까지도 마을의 수호신으로서 정월 대보름에 마을제사를 지낸다고 한다(아라가야향토사연구회 1997).

화순 평매바위 지석묘에는 마고할미 이야기와 더불어 출산이나 혼인에 대한 이야기도 있다. 상석 윗면에 구멍이 하나 있는데, 지나가던 사람들이 거기에 돌을 던져 들어가면 아들을 낳고 그렇지 않으면 딸을 낳는다거나, 처녀·총각이 왼손으로 돌을 던져 구멍에 들어가면 시집·장가를 가고 들어가지 않으면 그해에 결혼을 못한다는 이야기이다. 그래서인지 아이를 갖지 못한 여자들이 평매바위 앞에서 공을 들이기도 하였다(표인주 1999).

그리고 함안지역에는 장군이나 산신령 이야기 외에도 누군가 큰 바위를 옮기는 도중에 어떤 여성이 말을 걸자 멈추고 그 자리에 놓은 것이라는 이야기가 여러 지석묘에 전해 온다. 함안 도항리 삼기 지석묘는 고양이가 돌을 지고 가는 것을 본 마을 여인이 쇠로 된 화로를 뒤집어쓰고 뒤따르다가 들판에 이르러 '고양이가 바위를 지고 간다'라고 외치자 고양이가 돌을 그 자리에 놓아두고 그곳에서 죽었다고 한다(아라가야향토사연구회 1997). 함안 서촌리 지석묘는 옛날 이 바위가 움직이며 걸어가는 것을 우연히 목격한 여인이 '바위가 걸어간다'고 외치자 현재의 위치에 멈추었다고 하며(아라가야향토사연구회 1997), 함안 괴산리 지석묘는 꼬마장군이 바위를 옮기고 있는데 이를 본 어떤 여인이 '꼬마가 바위를 지고 간다'라고 말하자 꼬마장군이 지금의 위치에 바위를 두고 사라졌다는 것이다(아라가야향토사연구회 1997). 등장인물이나 바위를 이동시키는 주체에 약간의 차이는 있지만, 움직이는 바위가 여성의 말 때문에 그 자리에 놓였다는 유사한 줄거리로 구성되어 있음

사진 35　고창 도산리 1호 지석묘

을 알 수 있다.

　한편, 사적 제391호로 지정된 고창 도산리 1호 지석묘는 망북단 (望北壇)이라는 이름으로도 불렸다. 병자호란 때 송기상이라는 사람이 의병을 일으켜 북상하다가 굴욕적으로 강화가 이루어졌다는 소식을 듣고 통곡하며 내려와서, 집 뒤에 있는 이 지석묘 상석을 제단으로 삼 아 임금이 있는 북쪽을 향하여 망배통곡 하였다는 데에서 유래되었다 (원광대학교 마한·백제문화연구소 2005).

## 3. 여러 가지 이름

### 1) 칠성바위

민간에서 지석묘 상석을 대상으로 가장 많이 불러 왔던 이름은 '칠성 바위'이다. 이 이름에는 주로 장수·소원성취·평안무사와 같은 일상의 소망이 담겨져 있으며, 여기서 비롯된 이른바 칠성신앙은 우리 주변에 뿌리 깊게 남아 있었던 민간신앙 가운데 하나였다.

울산 향산리 지석묘처럼 상석 윗면에 성혈이 일곱 개 있어서 칠성바위라고 부르는 경우도 있지만(울산광역시 2004), 일반적으로는 상석 여러 기가 마치 별자리처럼 배치된 모습에서 그렇게 불리었다. 예전에는 일곱 기였다가 현재는 네다섯 기 정도만 남아 있는 것은 물론 십여 기 이상 있는 것도 칠성바위라고 불리기도 한다. 따라서 반드시 상석 일곱 기로 이루어진 것만을 가리킨다기보다는 여러 기가 무리를 이루고 있는 모습을 표현하는 이름이었다. 이렇게 지석묘 상석을 칠성바위라고 부르는 사례는 일일이 집성하기 어려울 정도로 전국 각지에 분포하고 있으며, 영남지역과 호남지역을 중심으로 몇몇 사례를 살펴보면 다음과 같다.

영남지역의 경우 경남 김해의 지라 지석묘는 원래 일곱 기가 있어서 오래 전부터 칠성바위라고 하였으며(동아대학교박물관 1998), 창녕 유리 지석묘도 지금은 한 기뿐이지만 원래는 십여 기가 북두칠성 모양으로 배치되어 있어 칠성바위라고 불리었다. 대구에서는 칠성동 지석묘가 대표적이며, 경산 대학리 지석묘도 현재는 마을 진입로에 세 기가 남아 있지만 원래는 일곱 기가 흩어져 있는 모습에서 그렇게 불리었다(대구대학교 중앙박물관 2006). 경북 의성 성암리에는 상석으로 추정되는 거석 일곱 기가 있어 칠성 지석묘라고 하였다(안동대학교박물관 2006). 경남 밀양지역에도 칠성바위라고 불린 지석묘 상석이 많다. 밀양 남전리 일대에는 삼십여 기의 지석묘가 분포해 있었는데, 그 가운데 대표적인 대여섯 기를 칠성바위라고 부른다(밀양문화원 1987). 밀양 후사포리의 지석묘 여덟 기는 칠성바위라고 불리면서 다산과 축복을 위한 무속신앙의 대상물로 활용되고 있었다(밀양문화원 1987). 밀양 제대리 지석묘는 남아 있던 지석묘 상석 다섯 기를 칠성바위라고 부르지만 원래는 몇 기 더 있었다고 하며, 동서방향으로 직선상에 네 기가 배치된 판곡리 지석묘도 칠성바위로 널리 알려져 있었다(밀양문화원 1987).

그리고 함안지역에 대해서는 지석묘 조사에서 세밀한 민속적 조사도 병행되었다. 함안 이령리 지석묘는 현재 원 위치에 남아 있는 것은 한 기뿐이지만 경지정리 때에 매몰된 것을 포함하면 아홉 기가 분포되어 있는 모습에서 칠성바위라고 불리었으며, 열두 기가 분포하는 예곡리 야촌 지석묘 및 십여 기가 분포하는 용정리 지석묘도 칠성바위·칠성관·칠성판으로 불리면서 신성시되었다(아라가야향토사연구회 1997). 이처럼 꼭 일곱 기가 아니어도 상석 여러 기가 배치된 모습에서 그렇게 불리었음을 알 수 있다.

호남지역의 경우, 일곱 기가 있어서 칠성바위로 부르는 것으로는 함평 영흥리 월산 및 대창리 성대(동신대학교박물관 2003), 무안 하묘리 신촌(목포대학교박물관 1986a), 구례 월전리 월평(국립나주문화재연구소 2018), 고창 방축리 지석묘(원광대학교 마한·백제문화연구소 2005) 등을 비롯한 많은 사례가 있다. 장흥 평촌마을의 지석묘는 배치되어 있는 모습이 마치 북두칠성 같다고 하여 칠성바위로 불렸으며(장흥군 1986), 얕은 구릉에 일곱 기가 있는 영암 월송리 치리등 지석묘는 '북두칠성바위'라고 불리었다(목포대학교박물관 1996).

이 외에도 상석이 배치된 모습에서 붙여진 이름으로는 오형제바위·오성바위·삼태(三台)바위·품자(品字)바위·아홉백 등이 있다. 하남 광암동 지석묘(경기도박물관 2007)와 양평 대석리 지석묘(경기도박물관 2007) 등은 상석 다섯 기가 분포하고 있어서 '오형제바위'로 불렸으며, 고창 신촌리 지석묘는 현재 세 기가 있지만 원래는 다섯 기가 있어서 '오형제바위' 또는 '아들 낳는 바위'라고 불리었다(군산대학교박물관 2009). 다섯 기가 분포하는 담양 대방리 남전 지석묘는 '오성바위'라고

사진 36   **오형제바위** -하남 광암동 지석묘-

불리면서 최근까지 정월 보름에 이 바위 앞에서 제사를 지냈다고 한
다(전남대학교박물관 1995). 지금은 남아 있지 않은 밀양 삼태리 지석묘
는 세 기가 나란히 있어서 '삼태바위'(밀양문화원 1987), 보령 소송리 지
석묘는 세 기가 인접하고 있는 모양에서 '품자바위'(한국문화재보호재단
2000), 나주 부덕동 지석묘는 원래 아홉 기가 있어 '아홉백'이라고 불
리었다(목포대학교박물관 1989).

## 2) 거북바위

지석묘 상석은 치병이나 장수를 기원하는 의미에서 '거북바위'나 '자
라바위'로 불리기도 하였다. 경기도 오산에 있는 외삼미동 지석묘가
거북바위와 장수바위라는 두 가지 이름으로 불리었던 점에서도 그러
한 의미가 드러난다(하문식 2002). 양평 앙덕리 지석묘도 상석이 거북
모양이어서 다산과 장수를 기원하였던 거석이었으며, 발굴조사 후 연
세대학교박물관 야외전시장으로 이전되었다. 충남 보령에 있는 봉촌

지석묘 상석도 그 모양이 거북과 닮아서 거북바위로 불리었다(이융조·하문식 1991). 그리고 대구 봉산동에 있는 자라바위는 이것이 위치한 연구산(連龜山)이라는 산 이름과 관련이 있다. 일제강점기 당시에 발간된 대구부사(大邱府史)에는 이곳에 지석묘 일곱 기가 있었다고 기록되어 있으며, 지금은 제일중학교 내에 한 기만 남아 있다(양도영 2002).

　　나주 금안리 반송(전남대학교 호남문화연구소 1985), 담양 교산리 하북산(전남문화재연구원 2001), 담양 주평리 용구동(전남대학교박물관 1995), 함평 자풍리 신풍(동신대학교박물관 2003), 영광 용덕리 구암 지석묘(전남대학교박물관 1993) 등 호남지역에 거북바위로 불리는 것이 많다. 전라남도 기념물 제149호로 지정되어 관리되고 있는 구례 봉서리 지석묘군에는 열두 기의 지석묘 상석 중 한 기에 귀갑문이 새겨져 있어 거북바위로 불리었다(이영문 1983; 목포대학교박물관 1994). 자라바위로 불린 것으로는 나주 죽동리 대머리(목포대학교박물관 1998), 무안 봉산리 기동(목포대학교박물관 2006), 영광 성산리 평금(전남대학교박물관 1993), 영광 삼효리 석전 지석묘(목포대학교박물관 2004) 등이며, 고창 암치리 지석묘는 '자라알'이라고 불리었다(원광대학교 마한·백제문화연구소

**사진 37**　**장수바위·거북바위** −오산 외삼미동 지석묘−

사진 38  **거북바위** –양평 앙덕리 지석묘–

사진 39  **거북바위** –구례 봉서리 지석묘–

2005).

또 두꺼비가 앉아 있는 모양과 유사해서 '두꺼비바위'로도 불린 것도 있다. 장성 대곡리 한실(조선대학교박물관 1999), 장성 원덕리 원덕 (목포대학교박물관 1996), 나주 운곡동 기능(목포대학교박물관 1989), 영암 영등리 영리(목포대학교박물관 1999), 영광 모악리 압수 지석묘(전남대학 교박물관 1993) 등이다. 순천 연향동 대석 지석묘는 두 기가 4.5m 거리 를 두고 있는데, 큰 것을 '숫두꺼비' 또는 '신랑바우', 작은 것을 '암두 꺼비' 또는 '각씨바우'라 한다(순천대학교박물관 1999). 신안 화산 지석묘 는 세 기 가운데 민가의 마당과 담장에 걸쳐 있는 것을 마을 사람들이 '개구리돌'이라고 불렀다(목포대학교박물관 1987).

### 3) 장군바위와 복바위

인물이나 지위와 관련하여 가장 많이 불렀던 이름은 '장군바위'이다. 울산 향산리 지석묘는 칠성바위라는 이름과 함께 조선시대 정대업 장 군이 무예를 닦던 바위라 하여 장군바위라고도 하였으며, 현재 울산 광역시 기념물 제22호로 지정되어 있다(울산광역시 2004). 무안 하묘리 신촌 지석묘 역시 칠성바위와 '장사바위'라는 두 가지 이름으로 불리 었다(목포대학교박물관 1986a). 화순 평매바위 지석묘도 장군바위로 불 리었는데, 구전설화에 따르면 바위 아래에 나무로 만든 궤짝이 있었 고 그 안에서 장군옷 같은 것이 나왔다고 해서 붙여진 이름이라고 한 다(표인주 1999). 이외에도 창원 덕천리 지석묘군 가운데 상석이 가장 큰 1호 지석묘는 그곳 주민들이 예로부터 장군바위라 불렀으며(경남대 학교박물관 2013), 상석이 오각형 모양인 무안 해운리 장군암 지석묘는 1997년 4월 무안 향토사 발굴보존 위원회에서 이 바위를 보존하기 위 해 주변을 정비할(목포대학교박물관 2006) 정도로 마을 차원에서 귀중하 게 여겼다.

사진 40　장군바위 -울산 향산리 지석묘-

사진 41　장군바위 -창원 덕천리 1호 지석묘-

　　'복바위'라는 이름도 현재 호남지역 곳곳에 남아 있다. 전남 강진
군 병영면 지로리 지로마을 입구에 있는 지석묘 한 기는 마을에 복(福)
을 가져온다고 하여 그렇게 불리어 왔다. 민속학 연구에 따르면 복바
위라고 부르는 것은 장수와 재복(財福)을 기원하는 거북신앙에서 비롯

된 것이라고 한다(표인주 2010). 민가의 마당에 있는 광양 운평리 지석묘와 담양 성도리 도동 5호 지석묘는 가족의 무사안녕을 기원하는 대상으로 여겨져 왔다. 도동 5호 지석묘에는 명절에 치성을 드렸다고 하며(전남대학교박물관 1995), 운평리 지석묘에는 정화수가 담긴 흰 접시를 놓고 자녀의 사업이 잘 되기를 빌었다는 이야기도 전해진다(이영문 2014).

### 4) 화순 지석묘의 여러 가지 이름

화순 지석묘 중에는 감태바위·각씨바위·핑매바위·관청바위 등으로 불리는 것이 있다. '감태바위'는 바위 두 개가 아래위로 포개어져 있는 모습에서 비롯되었다. 아래의 것을 사람 몸체, 위의 것을 머리에 쓴 갓에 비유한 것으로(표인주 1999), 감태는 조선시대 남성이 머리에 썼던 갓을 가리키는 이름이다. 각씨바위와 핑매바위에는 앞에서 보았듯이 마고할미와 관련된 설화가 전해지고 있는데, 여자의 치마에서 나왔다

사진 42   감태바위

고 하여 '각씨바위'로 부르거나, 바위 자체가 각씨처럼 생겼다 해서 그렇게 불렀다는 마을 주민들의 이야기가 있다(표인주 1999). 화순 지석묘뿐만 아니라 영암 월평리 흥리 지석묘에도 각씨바위로 부르는 것이 있다(목포대학교박물관 1986b).

그리고 '관청바위'라는 이름도 있는데, 전라남도 보성의 한 관리가 산의 고개를 넘어 이곳을 지나다가 바위에서 잠시 쉬는데, 그때 마침 이곳의 한 백성이 소장(訴狀)을 올리자 바로 처리해 주었다고 한다. 그 후 이 바위에서 관청의 일을 봤다고 하여 관청바위라는 이름이 붙었다(표인주 1999).

### 5) 동물에 비유한 이름

호랑이·소·말·토기 등을 이용한 이름도 있다. 함안 오곡리 가메실·함안 예곡리 야촌 지석묘는 호랑이가 웅크리고 앉은 모습이어서 '범바위'·'범바우'로 불렸다(아라가야향토사연구회 1997). 광주 동호동 지석묘

사진 43 　범바위 -함안 예곡리 야촌 지석묘-

는 길가와 경사면을 포함하는 약 150m 범위에 열 세기가 있으며, 마을 주민들은 남쪽 사면에 있는 것을 '범바위', 길가에 있는 것을 '호랑이 발톱'이라고 불렀다(광주직할시 1990). 밀양 구서원리 지석묘는 '황소바위'(밀양문화원 1987), 장성 성암리 성암 지석묘는 '소바위'라고 불렸으며(조선대학교박물관 1999), 밭 개간으로 인해 지금은 소멸되었지만 고창 칠암리 지석묘에도 '소바위'·'말바위'로 불리는 것이 있었다(강원종·이명엽 1999). 외견상 자연바위처럼 보이는 밀양 내이동 신촌리 지석묘는 옛날부터 '토기바우'로 불리어 왔으며, 밀양지(密州誌)에도 토암(兎岩)이라고 기록되어 있다(밀양문화원 1987). 그리고 경지정리 중 논둑으로 옮겨진 장성 조양리 동정 지석묘는 원래 논 한 가운데 있어서인지 '우렁이바위'로 불리었다(목포대학교박물관 1996). 이외에 '황새바위'로 불린 해남 팔산리 팔산 지석묘(목포대학교박물관 1986c), 두 기가 서로 마주보고 있는 모습이어서 '까치바위'로 불린 담양 정석리 정석 지석묘처럼(전남문화재연구원 2001) 새 이름으로 불린 것도 있다.

그리고 울산광역시 기념물 제2호로 지정된 언양 지석묘는 길이 8.5m, 너비 5.3m, 높이 3.1m로 울산 일대에서 가장 대규모이며, 길이 10m, 너비 4.5m, 높이 3.5m에 이르는 김해 구산동 지석묘 상석과 더불어 영남지역 최대 규모를 자랑한다. 이것은 '용바우'라 불리면서 최근까지도 마을 주민들에게 신앙의 대상으로 여겨져 왔으며, 상석 아래에는 지금은 희미해졌지만 치성을 드릴 때 불을 피웠던 흔적이 남아 있었다고 한다.[13] 압도적인 규모 때문에 예로부터 어떤 신성한 힘을 가진 초자연적인 존재로 여겨져 왔던 것이다.

---

**13** 한국민족문화대백과사전.

사진 44　용바우 −언양 지석묘−

## 6) 모양에 따른 이름

특정한 사물과 닮았다고 해서 붙여진 이름도 많다. 그 가운데 몇 가지를 보면, '마당바위'라는 이름은 상석 윗면이 넓고 편평하거나 모여 있는 여러 기 가운데 가장 크다고 해서 붙여진 것으로, 함안 송정리 지석묘(아라가야향토사연구회 1997)와 함평 용두리 선박 지석묘(동신대학교박물관 2003) 등이 있다. 김해 무계리 지석묘는 상석이 넓고 거대해서 '광석(廣石)바위'라 불렸으며, 지금은 소멸되었지만 여기서 20m 정도 떨어진 곳에도 '광석'이라 불린 또 다른 지석묘가 있었다(동아대학교박물관 1998). 그리고 1800년대에 제작된 김해부내지도(金海府內地圖)에는 김해시내에 있었던 여러 기의 지석묘가 고암(姑巖)·부암(夫巖)·부석(浮石)·자암(子巖)·치석(腦石) 등으로 표시되어 있다(대성동고분박물관 2012).

순창 도룡리 지석묘도 상석 윗면이 편평해서 '소반바위'로 불리었다(강원종·이명엽 1999). 고창 주산리(군산대학교박물관 2009) 및 밀양 구서원리 지석묘(밀양문화원 1987)는 '탕건바위'라고 하는데, 탕건이란

사진 45   광석바위 -김해 무계리 지석묘-

조선시대 남성들이 갓 아래 받쳐 쓰던 것을 가리킨다. 영암 상월리 상월 지석묘는 '고깔바위'로 불리었다(국립나주문화재연구소 2016a). 이 두 가지 이름은 앞에서 본 화순 지석묘의 감태바위처럼 일종의 모자에 비유된 것이다.

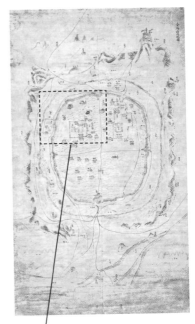

영광 용암리 조양 지석묘는 '자동차바우'라 불리었는데(국립광주박물관 1989), 이것은 상석 아래에 기둥 모양의 지석이 있어서 마치 바퀴 달린 자동차를 연상시키기 때문인 것 같다. 화순 월산리 월평 지석묘는 열 네기가 이열로 배치되어 있

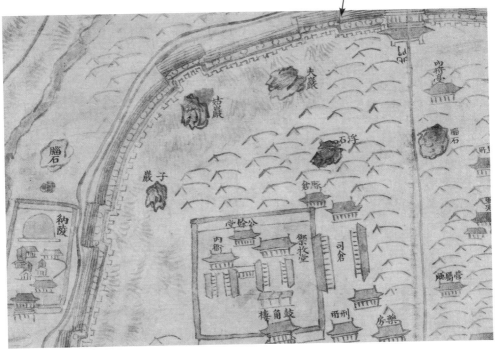

사진 46   김해부내지도

**사진 47  고깔바위** –영암 상월리 상월 지석묘–

**사진 48  배바우** –영암 월곡리 주암 지석묘–

는 모습에서 '쌍바우'라고 불리었다(전남대학교박물관 1982). 이 외에도
'달바위' 또는 '북바위'(해남 흑천리 옥수 지석묘(목포대학교박물관 1986c)),
배 모양과 유사하다고 해서 '배바우'(영암 월곡리 주암(국립나주문화재연구
소 2016a), 강진 수양리 3호 지석묘(전남문화재연구원 2007)), 거문고 모양을
닮아서 '탄금바위'(구례 월전리 구성 지석묘(이영문 1983; 목포대학교박물관
1994)), 네모난 모양이어서 '가마바위'(함안 서촌리(아라가야향토사연구회

1997), 장수 수분리 지석묘(강원종·이명엽 1999)), '상여바우'(무안 용월리 노동 지석묘(목포대학교박물관 1986a)) 등 다양한 이름들이 있다.

## 7) 그 밖의 여러 이름

지석묘가 있는 장소 이름이나 사용된 용도에 따른 이름이 붙여지기도 한다. 장성 생촌리 성암 지석묘(나군)는 상석 열 두 기가 삼태들이라는 밭에 위치하고 있어 '삼태바위'라고 부른 것으로(목포대학교박물관 1996), 원래 있었던 장소 이름이 붙여진 사례라고 할 수 있다. 춘천 천전리 지석묘는 강변을 따라 곳곳에 분포하고 있는 모습에서 예전에 그 일대를 '여담우리' 또는 '돌까리'라고 불렀다(김재원·윤무병 1967). 사용된 용도에 따른 이름으로는 '미엉씨바위'라고 불린 장성 월연리 월구 지석묘를 들 수 있다. 지석묘 상석이 식물성 기름을 만들기 위해 미엉씨 즉 목화를 빻는 장소로 이용되어서 그렇게 불리었다(목포대학교박물관 1996). 또 상석에 있는 성혈은 신선들이 놀면서 만든 구멍이라고 해서 '신선바위'(안양 평촌동 귀인 지석묘)로 불린 것도 있다(명지대학교박물관 1990).

지금까지 언급한 것 외에도, '괸바위'(고창 벽송리 지석묘(원광대학교 마한·백제문화연구소 2005)), '괸돌'·'앵바위'(포천 수입리 지석묘(한상수 1986)), '도깨비바위'(보령 소황리 지석묘(이융조·하문식 1991)), '콩바위'(장성 성암리 명치 지석묘(목포대학교박물관 1996)), '귀바위'(담양 궁산리 구암 지석묘(전남대학교박물관 1995)), '바우등'(함평 정산리 내정 지석묘(동신대학교박물관 2003)), '몰바우'(장성 생촌리 성암 지석묘(조선대학교박물관 1999)), '부쇠바위' 또는 '청도줄바위'(밀양 부북면 춘화리 지석묘(밀양문화원 1987)), '개밥그릇'(장성 성산리 구해 지석묘(전남문화재연구원 2005)), '바우베기'·'바위베기'(함평 구산리 구산교 및 강운리 상강(국립광주박물관·백제문화개발연구원 1984), 담양 태목리 태암 지석묘(전남대학교박물관 1995)), '왕바위'(순천 산수리 왕바우재 지석묘), '명상바위'(영광 봉남리 내남 지석묘(국립광주박물관 1989)), '벼락바위'(영암 행정리 광암(목포대학교박물관 1999), 신안 광정리 적거 지석묘(목포대학교박물관 1987)), '팔바위' 또는 '팔암'(창원 성문리 지석묘(박경원 1958)), '팔바우등'(함평 외치리 외치 지석묘(동신대학교 박물관 2003))이라는 이름도 있다.

　　이처럼 각지의 지석묘 상석에는 일일이 나열하기 힘들 정도로 수많은 이름들이 있다. 마을마다 정신적인 관념이나 문화적 배경이 다르기 때문에 민간신앙의 주요 대상물이었던 지석묘 상석에 붙여진 이름도 각양각색으로 표출되어 왔던 것 같다(표인주 2013).


## 4. 문중의 거석

### 1) 창원 봉산리 2호 지석묘 발굴조사 후기(後記)
(1) 후대의 적석층
2007년 국립김해박물관 재직 당시 실시하였던 창원 봉산리 2호 지석묘 학술발굴조사는 지석묘 상석에 대한 민간의 인식을 체감하는 계기가 되었다. 창원시 동읍 일대에는 지금도 다양한 규모의 지석묘가 상당수 남아 있다. 그 중 봉산리 2호 지석묘는 인근에 위치한 창원 덕천리 1호 지석묘처럼 다단묘광(多段墓壙)과 다중개석(多重蓋石)이 확인되어 이 지역 지석묘의 특징을 잘 보여주고 있어 학술적인 가치가 크다(국립김해박물관 2010). 그러다보니 저자의 인사이동 이후 간행된 보고서에는 청동기시대와는 무관한 적석시설(積石施設) 및 상석에 대한 민간의 인식에 대해서는 다루어지지 못하였으므로, 이 기회에 그 부분에 대해 언급해 두고자 한다.

　　상석 주위의 층위를 보면, 표토층 바로 아래에서 상석에 연접된

적석시설이 드러났고 그 밑에는 흑갈색부식토층이 일정 범위로 확인
되었다. 이 적석시설과 흑갈색부식토층을 제거해야만 청동기시대에
해당하는 다중개석, 즉 무덤방을 덮고 있는 여러 겹의 판석과 할석이
드러난다. 표토 아래의 적석시설은 정연한 장방형을 이룬 것과 반원
형에 가까운 것 두 가지가 있었는데, 레벨상으로는 장방형 적석시설
이 위에 있지만 층위상으로 명확히 구분되지는 않고 어느 정도 시차를
두고 서로 구역을 달리하여 축조되었던 것으로 판단된다. 층위적으로
보면 청동기시대 층 위로 표토층을 제외하고 최소 두 개의 층이 형성
된 양상이다. 2호 지석묘의 다중개석과 표토층 바로 아래의 적석시설
사이에 마치 간층처럼 끼어 있는 흑갈색부식토층에서는 후대의 토기
편·기와편·자기편들이 검출되었다. 이러한 층위적 양상으로 보아 지
석묘가 축조된 후 상당한 시간이 지나고 나서 적어도 조선시대 혹은 그

사진 49  표토 제거 후 모습 −창원 봉산리 2호 지석묘−

사진 50 **장방형 적석시설** -창원 봉산리 2호 지석묘-

사진 51 **반원형 적석시설** -창원 봉산리 2호 지석묘-

이후에 반원형과 장방형의 적석시설이 설치되었던 것으로 판단된다.

## (2) 거석에 대한 문중의 인식

이 후대의 층들을 차례로 제거한 다음에야 지석묘 내부조사에 들어갈 수 있었다. 조사 당시에는 일반적으로 지석묘 조사에서 그다지 중요하게 여기지 않았던 근현대의 자취들은 과감히 들어내고 내부조사를 서둘러야 하는 것이 아닌가 하는 생각이 한편에서는 계속 맴돌았고, 당시 현장을 방문하신 분들도 그러한 생각을 품지 않았을까 한다. 어쨌든 청동기시대 이후 부분에 대한 조사 때문에 허가받았던 발굴기간을 거의 소진해 버렸고, 정작 애초의 목적이었던 2호 지석묘 내부조사는 다음 해의 학술조사 예산을 기다려야 하였다. 그래서 일단 조사현장을 원상 복구해야 하였는데, 이때 조사구역 옆으로 이동시켜 놓은 상석은 원위치 시키는 작업이 만만치 않고 어차피 다시 조사에 들어가므로 당분간 그대로 두려고 하였다.

그런데 지석묘가 있는 곳은 화산구씨첨정공파 문중의 선산이었고, 이곳의 관리를 맡고 계신 문중의 어르신께서 말씀하시기를, 여기는 매년 명절이나 묘사 때에 제사지내던 곳으로 다가올 추석에도 집안 어르신들이 지석묘 옆에 있는 묘에 성묘하러 오시는데, 그때 상석이 이동된 것을 알면 큰일이라고 하셨다. 애초 선산에서의 발굴조사를 완강히 반대하셨던 분들도 있었고, 그러다보니 더더욱 명절 전에는 상석이 원위치에 놓여 있어야만 하였다.

발굴조사를 진행하고 있을 때 인근에 거주하고 계신 문중의 한 어르신은 하부조사를 위해 상석을 옮기는 일에 굉장히 민감하고 난처한 반응을 보였다. 그래도 상석을 그대로 둔 채로 하부조사를 할 수는 없으니 조사가 끝나는 즉시 원래의 위치로 돌려놓겠다고 거듭 설명하고 조사를 진행하였다. 그분에 의하면 제실 뒤 조상의 무덤 곁에 오래 전부터 있어 왔던 거석은 단순한 바위덩어리가 아니라 조상과 함께 하였던 가문의 뿌리와도 같은 존재였다. 그래서 상석이 제자리에 없으면 집안에 큰 흉이 들거나 좋지 않은 징조가 되므로 반드시 원위치 시켜야 한다고 강하게 말씀하셨다. 상석에 대한 문중(토지소유주)의 인식이 이렇다보니 내년의 발굴조사 및 상석의 잦은 이동에 따른 표면 손상 최소화 등과 같은 조사단 나름의 설득 논리는 거의 소용이 없었다. 거석이 민간의 삶 속에서 어떻게 인식되고 있었는지 생생하게 실감하는 순간이었다(배진성 2023).

## 2) 유사한 사례

문중의 선산에 있는 지석묘 상석이 신성하게 여겨져 왔던 사례는 곳곳에 있다. 도로공사로 인해 발굴조사 된 밀양 가인리 유적의 지석묘 상석 세 기는 그곳 황씨 문중의 요청에 따라 조사 후 제실 앞쪽으로 옮겨졌는데, 원위치에서 옮겨지기 전에 상석 앞에서 제사 지내는 장면이 보고문에 사진으로 제시되어 있다(밀양대학교박물관 외 2004). 문중에서 예전부터 특정한 날에 상석 앞에서 제사를 지내왔다고 하는 것으로

사진 52　지석묘 이전에 따른 제사 −밀양 가인리 지석묘−

보아 대대로 신성시 하여 온 거석이었음을 알 수 있다.[14] 경상남도 기념물로 지정되어 있는 창녕 유리 지석묘가 있는 곳도 합천이씨 문중의 소유지이며, 함안 명관리 지석묘도 인천이씨 문중에서 매우 중요시하여 왔다고 한다(아라가야향토사연구회 1997). 그리고 해남윤씨 문중의 선산 내에 있었던 강진 수양리 지석묘군 중에서 3호 지석묘는 규모가 가장 크고 마치 배 모양과 유사하여 '배바우'로 불리었다. 이것은 문중에서 오래 전에 조상들이 축조한 것으로 믿고 제사지내던 것이어서 도로 개설에 따른 발굴조사 이후 도로구간에 포함되지 않은 선산 내로 이전

사진 53　배바우 -강진 수양리 3호 지석묘-

---

**14**　당시 조사에 참여하였던 가람문화재연구원 이현석 선생으로부터 그때의 상황을 들을 수 있었다.

되었다(전남문화재연구원 2007).

　　이렇게 문중의 선산에 있는 지석묘 상석은 오래 전부터 가문을 지켜주는 신성한 상징물로 여겨져 왔으므로, 함부로 훼손하거나 이동시켜서는 안 된다는 금기사상이 다른 어떤 것보다도 강하게 작동하고 있었다. 이러한 민간의 인식은 지석묘 상석의 보존에도 큰 역할을 하면서 다음 세대로 계승되어 갈 것이다.


## 5. 마을제사의 장소

### 1) 지역별 사례

지석묘 상석은 마을의 안녕과 번영을 위한 수호신이라는 인식에서 매년 특정한 날에 마을 차원의 행사가 있었던 곳이기도 하였다. 발굴조사와 민속조사를 통해 알려진 사례 몇 가지를 보면 다음과 같다.

　　진주 어은2지구 1호 지석묘 상석은 매년 이 마을의 주민들이 마을제사인 동신제를 행하는 곳이어서 신성하게 여겨져 왔다(국립창원문화재연구소 2001). 그 때문에 발굴조사가 시작되기 직전에 이제는 원위치에서 사라질 상석을 위해 일부 주민들이 그 앞에서 제사를 지냈다고 한다.[15] 상석 윗면에는 성혈 일곱 개가 있는데, 이것은 마을제사보다는 개인적인 소원 성취를 위한 행위의 흔적일 가능성이 높다.

　　창원 토월동에 위치한 상남 지석묘는 현재와 같은 상업지구로 개발되기 전 지석묘 상석으로 추정되는 거석 여섯 기가 주택가 사이에 있었다. 이 거석은 마을사람들이 저마다의 소원을 위해 치성을 올리

---

**15**　발굴조사를 담당하였던 국립문화유산연구원 이주헌 선생으로부터 그때의 상황을 들을 수 있었다.

사진 54  창원 상남 지석묘

는 대상이자 장소였으며, 마을 공동의 제사인 동신제를 거행하는 곳이
기도 하였다. 상남지구재개발사업계획이 발표된 이후에는 원주민들이
떠나감에 따라 이곳의 관리도 소홀해져서 발굴조사 직전에는 쓰레기
터처럼 되어버렸지만, 그 전까지만 해도 마을 내에서 오래 전부터 신
성한 장소로 여겨져 왔다(국립창원문화재연구소 1999). 상석의 윗면에는
지름 10cm 내외의 성혈이 칠십여 개나 있는데, 주변에서 발견된 근대
의 옹기편들과 함께 후대의 민간신앙과 관련된 흔적으로 볼 수 있다.

　　울산광역시 울주군 범서읍 망성리 욱곡마을 입구의 소나무숲에
는 지석묘 상석으로 추정되는 편평한 거석이 있고, 그 옆에 성황당 또
는 당사라고 불리는 제당이 건립되어 있다(유병일 2001; 2002). 마을 제
당은 사람들이 특정한 날에 모여서 마을의 안녕과 풍년 등을 기원하는
제사를 지내는 곳으로, 지역에 따라 산제당·산신당·성황당·서낭당·
도당 등으로 불린다(국립민속박물관 1995). 지석묘와 당사가 있는 소나

사진 55  울주 망성리 욱곡 지석묘 상석·제당·경고문

무숲은 펜스로 둘러쳐져 있으며, 이곳은 신성한 구역이므로 함부로 출입해서는 안 된다는 경고문이 붙어 있다. 또 함안지역의 오곡리 가메

사진 56 　대전 칠성당 지석묘

실 지석묘와 중암리 지석묘도 음력 정월 대보름날 동신제를 지내는 장소였으며(아라가야향토사연구회 1997), 의성 성암리 지석묘에서도 마을 제사가 거행되었다고 한다(안동대학교박물관 2006). 호남지역에도 담양 가산리 회룡동 지석묘(전남대학교박물관 1995) 및 화순 효산리 지석묘군(동북아지석묘연구소 2016) 2호 상석처럼 마을제사의 장소로 활용된 사례가 많다.

　충남 보령의 봉촌 지석묘에서는 음력 정월 대보름날과 추수를 마친 시월에 마을제사가 거행되었으며(이융조·하문식 1991), 문화재자료 제32호로 지정된 대전 칠성당 지석묘 역시 마을 주민들이 매년 당제를 지내는 곳이다(손준호 2016). 안양 평촌동 지석묘(명지대학교박물관 1989)를 비롯하여 경기도 일대에도 마을제사에 활용되는 사례가 적지 않다. 포천 금현리 지석묘는 마을에 큰 일이 있을 때 이곳에서 지신밟기 등을 하고나서 마을 행사를 하였으며, 집안의 잡귀를 쫓는 굿을 할

사진 57　포천 금현리 지석묘

때에도 지석묘에서 시작하였다고 한다(하문식 2002).

　　상석을 부르는 이름에서 마을의 수호신이 깃든 곳을 가리키는 '당산'이라는 단어가 들어간 것도 곳곳에 보인다. 순창 도룡리 지석묘는 그 자체가 '당산'으로 불리며(강원종·이명엽 1999), 신안 대기리 회산 지석묘는 '당제바위'·'당제할머니'(목포대학교박물관 2008), 영광 성산리 평금 지석묘는 '할머니당산'·'안당산'(목포대학교박물관 2004), 해남 산막리 산막 지석묘는 '당산뫼'(목포대학교박물관 1986c), 고창 성내면 용교리 교동부락 지석묘는 '할머니당산'·'당산독'(국립민속박물관 1994) 등으로 불리며 당산제를 지내는 곳으로 이용되고 있었다.

　　한편, 상석 세 기가 있는 무안 월산리 중화 지석묘는 유적 중앙부에 '전조단(田祖壇)'이라고 쓰인 비석이 있고, 3호 상석 위에는 '전조제(田祖祭)의 유래(由來)' 비석이 세워져 있다(목포대학교박물관 2006). 전조제는 들에서 토지신에게 지내는 마을제사를 말하는 것이어서, 이름은 다르지만 이 역시 지석묘 상석을 신체(神體)로 섬기며 제사하는 마을제사에 해당한다.

## 2) 마을제사의 모습

각지의 마을제사를 보면, 상석 주위에 끈을 둘러치거나, 상석 앞 제단에 음식을 차려놓거나, 상석을 줄로 감거나 하는 등의 모습이 있다.

순천 광천리에서는 마을 북쪽의 논 한가운데 있는 지석묘 여섯 기 중 가장 큰 것을 '철용'이라고 불렀다. 매년 음력 정월 보름 전날 밤에 신수(神樹)로 여겼던 당산나무에 제사지내고 나서 지석묘 상석에 마을 사람들의 소원 성취를 비는 의식을 하였다(이영문 2014). 당산제에 즈음해서는 철용바위 주위에 마치 보호막을 치듯이 대나무와 짚으로 둘러친다고 한다.

황해도 일대의 칠성바위에도 바위와 바위를 실로 연결한 다음 북향하여 절하는 의례 행위가 있었다(한홍수 1935). 지금은 많이 사라졌지만 지석묘 상석 주위를 대나무·끈·실 등으로 에워싼 모습은 전국 도처에 드물지 않았던 것 같다.

부안 송현리 고잔마을에서는 정월 14일부터 16일 사이에 당산 신체로 섬기는 높이 1.9m, 길이 3.4m의 지석묘 상석에서 당산굿을 거행하였다. 주민들은 각자 집에서 짚 몇 다발을 가져와서 여성을 상징하는 암줄과 남성을 상징하는 숫줄을 꼰다. 줄이 완성되고 남자들은 숫줄을 들고 여자들은 암줄을 어깨에 메고서 마을을 한바퀴 도는 '당산돌기'를 한다. 이어지는 줄다리기 행사 이후에 줄을 들고 지석묘 상석 위에 암줄과 숫줄을 따로 얹어 감고 나서, 삼실·돼지머리·명태포·백설기떡을 상석 앞에 놓고 고사를 지냈다(국립민속박물관 1994). 고잔마을의 당산굿 줄다리기는 민속놀이로 유명하며, 지석묘 상석에서 지낸 고사는 이 행사의 마무리 장면에 해당한다.

고창 성내면 용교리 교동부락의 지석묘에서 매년 정월에 행해졌던 다릿골 당산제는 풍년이 들면 크게 지내고 흉년이 들면 형식적으로 지석묘에 줄만 감아놓는 것으로 대체되었다. 제사 당일 아침에 마을 입구에 금줄을 드리우고 황토를 뿌리며, 오후에는 지석묘 상석에 얹혀 있는 낡은 짚을 걷어내고, 다음날 짚으로 줄을 만들어 줄다리기를 하고 나서 지석묘 상석에 줄을 감는다(국립민속박물관 1994). 이는 고잔마을의 사례와 마찬가지로 지석묘 상석에서의 당산제가 줄다리기 행사와 함께 거행되었던 유사한 풍습이라고 할 수 있다.

경상북도 예천군 예천읍 용산2동에는 높이 1m, 둘레 3m의 거석을 마을 제당으로 삼아 '고인돌'이라고 불렀다. 마을의 수호신으로 여기면서 음력 정월 15일 오전 1시에 제사를 지냈으며, 제사비용은 각 집마다 5,000원 내외를 갹출하여 충당하였다(국립민속박물관 2004).

경산 와촌면 소월리에는 마을 앞 언덕에 있는 일명 '거북돌'이라 불리는 거석에서 마을제사가 거행된다. 이 거북돌 주변에는 항시 줄이 쳐져 있어 외부인의 출입이 통제되었다. 제물은 돼지머리 삶은 것·장닭 온마리·과일·시루떡·밥 두 그릇·감주가 바쳐지며, 제사비용은 약 500평에 이르는 마을 공동 소유의 밭 운영비로 충당하였다고 한다(대구대학교 중앙박물관 2006).

용인 상하동의 지석묘 두 기는 '할아버지바위'와 '할머니바위'로 불리면서 마을의 수호신으로 여겨졌다. 지금은 할머니바위만 남아 있어 매년 음력 10월에 마을의 안녕과 풍요를 기원하는 제사가 거행되어 왔다. '상하동할미지석제'라 불리었던 이 행사는 용인지역의 대표적인 마을신앙 가운데 하나이다(경기도박물관 2007; 국립민속박물관 2010). 구전설화에 따르면 할머니가 바위를 옮겨 놓았기 때문에 할머니바위라고 하는데, 앞에서 보았듯이 이 역시 마고할머니의 변형일 것으로 추측된다. 제사 때에는 지석묘 주위를 청소하고 금줄을 쳐서 외부인의 접근을 금지하였다. 마을 원로들에 따르면 이 지석제(支石祭)는 1600년쯤부터 행해져서 6·25전쟁 중에도 거르지 않았다고 하며, 마을의 지석제보존위원회에서 '고인돌 청년회'를 결성하여 행사를 하였다고

사진 58 　용인 상하동 지석묘

한다. 현재 용인의 지역축제로 자리매김하고 있는 '지석문화제'는 예전의 마을 풍습이었던 상하동할미지석제를 지역주민의 문화축제로 되살린 것이다.

　　또 용인 유운리의 소운마을에는 '칠성바위'라고 부르는 거석이 있어, 이것을 마을 제당으로 삼아 바위 상단에 제단을 마련하여 정한수를 떠 놓고 기원하는 곳으로 이용하였다. 제사는 술·과일·떡을 차려 음력 10월 중 오전 5시경에 행해졌다. 원래는 이 일대에 거석 일곱 기가 있었는데, 민속조사 당시에는 다섯 기만 남아 있었다. 또 이 거석에는 각 가정에서 고사떡을 놓고 한 해 동안의 안녕을 기원하기도 하였으며, 밤에 호랑이가 와서 칠성바위를 지킨다는 전설도 전해지고 있다(국립민속박물관 1995).

　　마을제사는 우리나라 민간신앙의 근간으로서 자연발생적인 민속문화의 한 요소라고 할 수 있다. 지석묘 상석은 마을제사의 대상물이자 장소로서 고고자료뿐만 아니라 살아 있는 민속자료로서 여전히 현대인의 삶과 함께 하고 있다.

## 6. 비석·석탑과 지석묘 상석

### 1) 비석의 지대석

지석묘 상석 위에 묘비·효자비·추모비·기념비·감사비 등의 비석이 있는 것이 더러 있다. 상석 위의 묘비는 조상 및 가문을 위한 비석으로서 예전에 조상의 무덤이 있었거나 현재 무덤이 모여 있는 곳에 세워 특정 가문의 묘지임을 나타낸다. 기념비나 감사비는 주로 학교 내에 지석묘 상석을 지대석 삼아 세워진 것이 이따금 보인다.

상석 위에 세운 묘비는 나주 안산리 월정 지석묘의 '풍산홍씨세장지비(豊山洪氏世葬地碑)'(국립나주문화재연구소 2016a), 나주 운곡리 맷돌바위 마을 1호 지석묘의 '광산김씨세장천비(光山金氏世葬千碑)'(호남문화재연구원 2004b), 함평 용두리 선박 지석묘의 '선산김씨세장지(善山金氏世葬地)'라 글씨가 새겨진(동신대학교박물관 2003) 비석을 비롯하여 거의 전국 각지에서 볼 수 있다. 주로 '~세장지비(世葬地碑)', '~세장산비(世葬山碑)' 등이 여러 기의 상석 가운데 가장 큰 것 위에 세워지거나, 묘지의 입구 부분에 있는 상석 위에 세워져 있다. 무안 연리 양곡 지석묘 상석 위의 '무송유씨양곡묘원비(茂松庾氏陽谷墓園碑)'(목포대학교박물관 2006) 및 무안 하묘리 배나무정 지석묘 상석 위의 '파평윤씨세장산묘비(坡平尹氏世葬山墓碑)'(목포대학교박물관 1986a) 역시 이러한 성격의 비석일 것이다. 민가의 대문 앞에 있는 영암 아천리 동령 지석묘에는 '밀성박씨세장산비(密城朴氏世葬山碑)'가 세워져 있는데(목포대학교박물관 1999), 이곳도 예전에는 조상의 무덤이 있었던 곳이었음을 짐작하게 한다.

효행을 기리기 위한 효자비 또는 효열비가 세워진 것으로는 담양 용대리 방앗재 지석묘를 비롯하여(전남문화재연구원 2001), 함평 원산리 덕동 지석묘 상석 위의 '김해김씨효열비(金海金氏孝烈碑)'(국립광주박물

**사진 59  무안 하묘리 배나무정 지석묘**

관·백제문화개발연구원 1984), 고창 월곡리 지석묘 상석 위의 '평택임씨
효열비(平澤林氏孝烈碑)'(전북대학교박물관 1984) 등이 있다.

추모비로는 김해시 기념물 제4호 서상동 지석묘를 들 수 있다.
상석 측면에 '송공순절암(宋公殉節岩)'이라는 글씨와 윗면에 비석 한 기
가 있다.[16] 여기에는 임진왜란 때 의병장으로 활약한 사충신(四忠臣)
의 한 사람인 송빈(宋賓)이 바위 위에서 임금이 계신 북쪽을 향해 절
한 뒤 목숨을 끊었다는 이야기가 전해 온다. 이 순절 바위는 예전에 청
주 송씨 가문에서 선조암(先祖岩)이라고도 불렀던 것으로, 후손들이 그
를 추모하기 위해 1964년에 상석 위에 비석을 세웠다(동아대학교박물관
1998).

이렇게 지석묘 상석 위에 비석을 세웠다는 점은 단순히 지대석으
로 적당한 큰 바위를 고른 것이라기보다는 예전부터 조상숭배나 옛이
야기 등 어떤 의미를 담고 신성시되어 왔던 거석에 비석을 세움으로

---

**16**  贈吏曹參判淸州宋公殉節記念碑 檀紀4297年2月 建立.

사진 60  김해 서상동 지석묘

써, 비석의 위엄성과 신성성을 높일 수 있다는 후손들의 마음이 반영
되어 있다.

또 감사비나 기념비에도 활용되었다. 장성 약수중학교 현관 앞
지석묘 상석 위에는 1967년 7월에 세워진 감사비가 있으며(국립나주
문화재연구소 2015), 현재 육군부대 안에 있는 연천 삼곶리 지석묘는 상

사진 61   장성 약수 지석묘

사진 62   연천 삼곶리 지석묘

석 자체를 세워서 '박정희대통령방문기념비'로 한 것이다(경기도박물관 2007). 함평 월송리 동암마을의 전남교육청 함평학생의 집(구 월성초등학교) 운동장에 있는 지석묘 중에서 상석이 가장 큰 8호에 학교 건립을 기념하는 '낙안오영주씨건교불망비(樂安吳泳柱氏建校不忘碑)'가 세워졌다(국립나주문화재연구소 2016b).

그리고 석탑의 기단석이나 지대석으로도 활용되었는데 남아 있는 사례는 많지 않다. 함평 삼축리 동축 지석묘 여섯 기 중 한 기에 근대의 석탑이 세워져 있으며(국립나주문화재연구소 2016b), 남해 고현면 탑동에 있는 지석묘로 추정되는 상석은 정지석탑(鄭地石塔) 또는 정지장군탑(鄭地將軍塔)이라 불리는 석탑의 지대석으로 이용되었다(경남발전연구원 역사문화센터 2004). 이 석탑은 1383년(고려 우왕 9년) 정지 장군이 남해 관음포에서 왜구를 격파한 것을 기념하기 위해 지역민들이 세운 기념비적 성격의 석탑으로서 호국정신이 담겨 있다. 이것은 후대에 무너진 것 일부를 모아서 지석묘 상석 위에 세운 것인데, 처음 세워졌

사진 63  남해 정지석탑

던 시점이나 장소는 물론 탑의 정확한 형태는 현재로서는 알 수 없는 상황이다(고현면지 편찬위원회 2005). 그렇지만 이 인근에 탑이 있었다는 것은 분명한 사실이며, 그것의 복원에 지석묘 상석이 지대석으로 활용된 데에는 단순히 자연의 바위를 이용한 것이 아니라, 그 전부터 신성한 장소로 인식되었던 거석 위에 석탑을 세움으로써 상징성의 효과를 높이려 하였던 측면이 있었던 것 같다.

## 2) 비석 옆의 상석

지석묘 옆이나 그 주변에 비석이 있는 사례도 적지 않으며, 상석이 있는 곳에 비석을 세우거나 비석 옆으로 상석을 이동시키기도 하였다. 이 경우 비석에는 '~세장비(世葬碑)'·'~세묘천비(世墓阡碑)'를 비롯하여 '~불망비(不忘碑)'라고 되어 있어 앞에서 본 묘비나 기념비와 같은 성격의 것임을 알 수 있다. 상석 주변에 비석이 있는 배경에는 거석이 가진 불변성이나 영원성이라는 특성을 특정 가문의 유구한 전통과 연관시키거나 특정 인물이나 사건을 오래도록 기리려는 마음이 반영되어 있다. 현재 호남지역에 이러한 사례가 많이 보이는데, 장성 성암리 성암·금산리 죽산, 나주 양천리 계량·용산리 송정·송촌리 송정·동수동 동령·동원리 서원·보산동 삽치, 함평 외치리 외치·동정리 냉천, 무안 태봉리 태봉 지석묘 등이 있다. 장성 대악리 대악 지석묘 주변에는 '만월정(滿月亭)'이라는 마을 정자명이 새겨진 비석이 있다(목포대학교박물관 1996).

　　상석의 윗면이나 옆면에 글자를 새기기도 하였다. 화순 앵남리 밀암골 지석묘의 '전주이씨세수동(全州李氏世守洞)'(화순군 1985), 함평 이문리 사정 지석묘의 '광주정씨세거지(光州鄭氏世居地)'(이현석 1990), 영광 성산리 선산 지석묘의 '광주이씨세장산(廣州李氏世葬山)'(김학휘 1983), 고창 부곡리 지석묘의 '죽산안씨세천(竹山安氏世阡)'(군산대학교박

사진 64　함평 외치리 외치 지석묘

사진 65　김해 구지봉 지석묘

물관 2009), 고창 화산리 지석묘의 '노계김선생유지(蘆溪金先生遺址)'(전
북대학교박물관 1984) 등이다. 앞에서 본 상석 위의 비석처럼 특정 가문

사진 66　　연천 삼거리 지석묘

에서 새긴 것으로 보인다.

　　특정 가문이나 인물을 기리기 위해 글자를 새긴 것과는 달리 가
야의 건국설화가 깃든 김해 구지봉 정상부의 구지봉 지석묘 상석에는
한석봉 글씨라고 전해지는 '구지봉석(龜旨峯石)'이라는 글자가 윗면 중
앙에 세로로 새겨져 있다.

　　한편, 지석묘 상석에 표어가 새겨진 것도 있는데, 경기도 연천의
군남중학교로 옮겨진 연천 삼거리 지석묘 상석은 '멀리 보고 바르게
꾸준히 내 걸음으로 걷자'라는 표어를 새긴 비석으로 사용되었다(경기
도박물관 2007).

## 7. 지명과 풍수지리의 거석

### 1) 지명의 유래

지석리(支石里)·입석리(立石里)·대석리(大石里)·칠성동(七星洞)·칠성리(七星里)라는 마을 이름은 예전 그곳에 지석묘나 입석이 많았던 모습에서 유래한다. 광주 광산구의 칠성마을(장흥군 1986), 고창 초내리의 칠암마을(전북대학교박물관 1984), 의성 성암리(안동대학교박물관 2006)의 칠성마을, 대구 칠성동 등은 상석 여러 기가 있었던 모습에서 유래되었으며, 유사한 사례는 전국 곳곳에 있다. 함안 이령리에는 한 기만 남아 있지만 예전에 상석 아홉 기가 있었던 모습에서 지금도 그 자리를 칠성거리·칠성안(七星內)·안들이라고 부른다(아라가야향토사연구회 1997). 김해시 주촌면 원지리에 있는 석칠(石七)이라는 마을 이름도 이곳에 지석묘 상석이 여러 기 있는 데에서 유래하였다(대성동고분박물관 2004).

이와 더불어 전라북도 부안의 귀암마을에 거북바위로 불린 지석묘가 있듯이(이영문 2001), 마을 이름에 거북을 뜻하는 '구·귀(龜)·오(鰲)'자가 들어간 것도 적지 않다. 화순 구암마을에는 십여 기의 지석묘가 있었으며 '구암'이라는 이름은 이곳의 지석묘가 '자라바위'로 불렸던 것에서 유래한다(이영문 1985). 거북은 장수를 상징하는 동물이면서 벽사(辟邪)의 기능이 있는 상서로운 동물이기도 해서, 국가나 지역의 수호 및 마을과 가정의 행복을 지켜준다는 의미가 있었다(주채혁 1973; 표인주 2010; 2013).

이처럼 전국 각지에 남아 있는 칠성 및 거북과 관련된 마을 이름 외에도 지석묘 상석을 불렀던 특징적인 이름에서 유래된 각양각색의 마을 이름들이 있다. 주로 지석묘가 분포하고 있는 모습이나 상석 자체의 모양에서 유래된 이름들이다. '광석바위'라 불리었던 김해 무계

사진 67　함안 도항리 구락실 지석묘

리 지석묘가 있는 마을 이름도 광석마을이었으며, 함안 도항리 구락실 에는 하천을 따라 거석 아홉 기가 분포하는 모습에서 마을 이름을 '구 락실'이라 하였다(아라가야향토사연구회 1997). 밀양 봉황리에 지석묘가 있는 고개 이름이 '납달고개'인데, 이것은 지석묘를 넓은 돌을 일컫는 '납달' 또는 '넙돌'이라고 부른 데에서 비롯되었다(밀양문화원 1987). 광 주 삼거동의 삼암마을이라는 이름은 이곳에 지석묘 상석 세 기가 있었 던 데에서 유래한다(광주직할시 1990). 또 용인 상하동에는 원래 지석묘 두 기가 있어 각각 상지석과 하지석이라 불리었으며, 1914년 행정구 역 개편 당시 두 지석묘의 앞 글자를 가져와서 '상하리'라고 하였다(경 기도박물관 2007). 민가 안에 있는 여주 외사리 지석묘는 '삼바위'라고 불리어서 이 주변을 '삼리'라고 부르기도 하였다(경기도박물관 2007).

　　한편, 지석묘 상석이 경계를 표시하는 상징물로 이용된 곳도 있 다. 함안 송정리 지석묘 발굴조사에서는 상석 주변의 평면 노출 과정 에서 지석묘와 시기를 달리하는 조선시대의 돌무지 시설과 백자편·

사진 68　함안 송정리 지석묘

사진 69　함안 내인리 지석묘

옹기편·철기편 등이 확인되었다. 이 시설의 성격에 대해서는 경작지를 조성할 때 이미 존재하고 있던 상석을 경계로 하여 북쪽으로는 경작지를 조성하고, 남쪽으로는 상석 주변으로 잡석들을 모음으로써 자연스럽게 동서방향의 경계선으로 삼았을 것으로 추정되었다(경남고고학연구소 2005). 또 울산 망성리 욱곡 지석묘처럼 마을 입구에 위치한 것은 마을의 경계를 표시하는 기능이 있었으며(유병일 2001), 함안지역에는 홍수 때 침수한계선을 측정하는 표지석으로 활용된 상석도 여러 기 있었다. 함안 구포리에는 지석묘 바로 앞까지 큰 물이 들어온 적이 있었고, 내인리에는 제방 축조 전에 지석묘 밑까지는 물이 차기도 하였으나 지석묘가 물에 잠긴 적은 없어서 침수한계점으로 인식되게 되었다(아라가야향토사연구회 1997).

이처럼 거석신앙과 무관하게 일상생활 속에서 다양한 용도로 활용되기도 하였다. 그러한 배경에는 시간이 지나도 변하거나 소멸되지 않는 지속성·영원성·불멸성이라는 거석 자체의 특성이 자리하고 있을 것이다.

## 2) 풍수지리의 거석

지석묘 상석이 놓인 곳이 풍수지리와 관련하여 이름이 붙여지거나 의미가 부여되기도 하였다. 함안 명관리 지석묘는 풍수지리적으로 백이산에서 뻗어내린 뱀줄기 능선 앞에 놓인 두꺼비로 상징되어 화를 막는 역할을 한다고 전해진다(아라가야향토사연구회 1997). 함안 봉성리 일대는 풍수지리적으로 비봉산이 읍성을 호위하는 듯한 모습을 하고 있어 비봉형지(飛鳳形地)로 불리었으며, 이곳의 지석묘는 봉황새의 알로 여겨졌다(아라가야향토사연구회 1997).

화순 지석묘 가운데 괴(고양이)바위라고 불린 것은 풍수지리적으로 고양이 자리에 위치하고 있어서 붙여진 이름이며, 괴바위 앞 100m 남쪽의 마을 뒷산에 있는 풍산홍씨 선산이 쥐형국(쥐무덤)이다. 고양이와 쥐는 상극인데 다행히 그 앞에 계곡물이 흘러 괴바위인 고양이가

사진 70　함안 명관리 지석묘

사진 71　괴바위

쥐를 향해 달려들지 못하기 때문에 쥐형국의 무덤자리가 좋다고 한다 (표인주 1999).

　　부안 송현리의 고잔마을은 풍수지리적으로 소가 누워 있는 이른바 '와우형국(臥牛形局)'이다. 예전에 이 마을에서 당산굿을 거행할 때 줄다리기 행사를 성대하게 하였는데, 줄을 잡아 당겨 누워 있는 소를 일으켜서 논에 일하러 나가게 해야 마을이 번영한다는 주술적인 관념에서 비롯되었다. 마을의 당산나무가 불에 타서 없어진 뒤로는 지석묘를 당산으로 모시고 있다(국립민속박물관 1994).

고창 송내면 용교리에 있는 다릿골은 교동·새터·오산마을에 걸쳐 있다. 풍수지리상 새터는 배형국이고, 오산은 자라형국이다. 교동과 오산 사이에 위치한 새터마을에는 지석묘 상석처럼 보이는 거석이 있는데, 이 거석은 마치 두꺼비가 앉아 있는 형상이어서 '두꺼비돌'이라 부른다(국립민속박물관 1994).

충남 보령지역의 경우 지석묘 주변에 근현대의 무덤들이 위치한 모습이 종종 보이는데, 이는 풍수지리적으로 지석묘가 입지한 곳이 지세가 좋은 곳이었음을 나타낸다고 한다(이융조·하문식 1991). 이러한 모습은 비단 이곳만이 아니라 전국 각지에 보인다.


## 8. 성혈

### 1) 개요

지석묘 상석에 '성혈(性穴)'이라고 하는 작은 구멍 모양의 홈이 여러 개 있는 것을 흔히 볼 수 있다. 이것은 1971년에 조사된 양주 금남리 지석묘에서 알려지기 시작하였으며(황용훈 1972), 바위구멍·홈구멍·알구멍·알터 등으로 불리기도 한다. 지석묘 상석뿐만 아니라 입석을 비롯하여 불상·석탑·석등 및 자연 암반에도 크고 작은 성혈이 있어서 민속학적으로도 많은 관심을 끌었다(석태륜 1972; 이필영·한창균 1988). 유럽에서도 선사시대부터 있어 왔으며, 성혈을 cup-mark, 성혈 둘레에 동심원이 감싸고 있는 모양을 cup-and-ring으로 표현한다. 일본에서는 주로 '배상혈(盃狀穴)'이라고 부르는데, 1980년대에 와서 알려지기 시작하여 선사시대부터 근현대의 민속 사례까지 발견예가 늘어나고 있다.

　　지석묘의 성혈은 상석 윗면에서 가장 많이 발견된다. 하나의 상석 내에서 구멍의 크기는 일정하지 않고 다양하며, 개수는 대여섯 개에서 열 개가 넘는 것이 있고 함안 군북 동촌리 26호(아라가야향토사연구회 1997) 지석묘처럼 삼백 구십 여덟 개가 빽빽하게 있는 것도 있다. 지석묘 상석의 성혈은 남한 각지는 물론, 북한의 평안도·황해도·함경도 일대에서도 발견되어 그 분포는 한반도 전역에 이른다. 중국 동북지역과 일본열도를 포함하는 동북아시아, 인도·베트남·인도네시아를 비롯한 동남아시아, 나아가 중앙아시아와 시베리아 및 유럽 일대에서도 오래 전부터 확인되고 있어 성혈의 분포는 전세계적이라고 해도 과언이 아니다.

사진 72　함안 군북 동촌리 26호 지석묘

## 2) 여러 가지 해석

성혈에 대한 해석은 천차만별이다. 이것을 주로 다루어 왔던 고고학이나 민속학에서는 특정 친족집단의 표시라거나, 선사시대 사람들이 하늘의 별자리를 바위 표면에 나타낸 것이라거나, 태양숭배사상 및 난생설화와 관련한다고 보기도 하였다. 또 주로 근현대의 민간신앙과 관련하여 영험한 바위에서 돌가루를 취하여 달여 먹으면 병을 고치는데 효과가 있다고 하여 그 때문에 생긴 구멍이라거나, 농경사회에서 풍요와 다산을 기원하는 의미에서 여성의 생식기를 표현하였다거나, 특별한 신앙적인 의미 없이 단순한 놀이의 결과라는 등 사례마다 다양한 의견들이 제시되었다.

거석에 어떤 영적인 힘이 깃들어 있을 것이라는 믿음은 세계 도처에 있다. 인도 남부에서는 환상열석에 우리나라의 삼신할머니와 같은 존재가 거주한다고 믿어서 불임여성들이 거석에 공물을 바치고 몸을 비비는 풍습이 있었고, 북캘리포니아 마두이족에는 불임여성이 바위를 손으로 만지며, 뉴기니와 마다가스카르에는 돌에 기름을 바르는 풍습이 있었다(미르치아 엘리아데/이은봉 옮김 1996). 또 하와이에는 성혈이 있는 곳을 '영생의 언덕'이라고 부르며, 아이가 태어나면 바위에 구멍을 내어 탯줄을 넣고 돌로 덮어두는 원주민 풍습이 있었다(國分直一 1990). 그래서 성혈을 성행위의 주술적 모방으로 보기도 하였으며(이필영·한창균 1988), 성혈이라는 이름 자체에 성 상징적인 의미가 담긴 것으로 볼 수 있다.

북유럽 청동기문화의 성혈에 대한 고전적인 해석은 여성에 대한 상징적인 표시 또는 생산과 풍요의 상징이었는데(黃龍渾 1976), 한반도를 포함한 동북아시아 일대의 성혈도 그러한 관점에서 파악되어(國分直一 1981) 온 경향이 있었다. 성혈이 농경문화 속에서 여성과 관련된 가장 상징적인 표시라는 견해는 유럽에서 시작되어 아시아 일대를 뒤

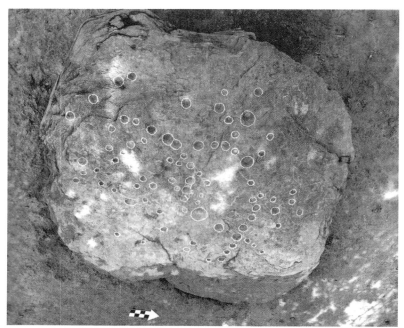

사진 73 　연천 진상리 지석묘의 성혈

덮고 있는 가장 일반적인 해석이라고 할 수 있다.

　　그러나 대부분의 성혈은 언제 새겨졌는지 정확히 알기 어렵기 때문에 이것의 해석은 여전히 추측의 영역을 벗어나지 못하고 있다. 지석묘 상석이 선사시대에서 축조된 것이라고 해서 거기에 새겨진 성혈 또한 선사시대 사람들이 새긴 것이라고 단정할 수는 없다. 상석은 청동기시대부터 오늘날에 이르기까지 오랜 세월 지상에 노출되어 있었기 때문에 성혈이 새겨진 시점이나 시대를 밝힐 수 있는 근거를 제시하기 어려운 경우가 대부분이다.

## 3) 성혈과 별자리

민간신앙과 관련된 풍습으로 보는 견해 외에 가장 많이 언급된 것은 별자리 설이다. 특히 북한고고학에서 별자리 설을 적극적으로 주장해

오고 있다. 밤하늘에 보이는 별자리처럼 성혈이 일정한 배열 상태를 이루고 있는 것으로 보고, 구멍의 크기가 일정하지 않은 점은 별의 밝기 차이를 나타낸 것이라고 하면서 청동기시대 사람들의 천문지식 수준이 매우 높았음을 강조한다(김동일 1996; 2007). 급기야 편평한 지석묘 상석에 새겨진 복수의 성혈을 '석각천문도'라고 부르면서, 평양지역에 성혈이 있는 지석묘가 이백여 기나 분포하고 있는 점에서 이곳이 다른 지역보다 천문관측이 활발하였다는 주장까지 나온다(김동일 2003).

남한학계에도 민간신앙과 관련된 흔적이라는 의견과 함께 선사시대의 별자리를 표현한 것이라는 의견이 존재한다. 특히 암각화 연구에서 별자리로 보려는 의견들이 다수 있다. 그 때문인지는 몰라도 천문학이나 철학 분야의 연구에서 이 별자리 설을 적극적으로 받아들이는 경향이 있는 것 같다(김일권 1998; 윤병렬 2016; 김원명 2022). 과학과는 거리가 먼 선사시대에 거석의 편평한 면에 여러 개의 구멍을 내어 별자리를 표현하였을 것이라는 생각은 고고학을 전공하지 않는 일반인이나 다른 분야의 연구자들에게는 일견 흥미 있게 느껴질 수 있다. 암각화는 선사인들의 의식세계를 보여주는 자료여서 영화나 문학작품을 통해 인간의 상상력을 자극하는 흥미로운 소재가 되기도 한다. 그런데 이러한 장점이 선사고고학에는 오히려 해롭게 작용할 우려가 있다. 모두가 느끼듯이 별자리 설은 일반 대중의 관심을 끌 수 있는 흥미로운 발상이지만, 학문적인 논의의 영역으로 들어가면 물음표를 지우기 어렵다.

## 4) 민간신앙적 풍습

이렇게 학문적인 위험성이 있음에도 불구하고 지석묘 상석에 새겨진 성혈은 실제 북두칠성과 유사한 모양으로 배치된 것도 있고, 수많은 성혈이 밀집해 있어 마치 밤하늘의 수많은 별을 표현한 것처럼 보이는 것도 있다. 별자리 설이 여전히 회자되는 까닭이기도 하다. 그렇다 해도 그것이 청동기시대에 새겨졌다는 합리적인 근거가 있는 사례는 많지 않다. 어쨌든 지석묘 상석에 있는 성혈 대부분은 이미 지적되어 왔듯이(장호수 2003) 후대의 민간신앙에 의해 생겼을 가능성이 높지 않을까 한다.

스웨덴이나 덴마크에서는 17~18세기부터 청동기시대의 성혈이 확인되었고(黃龍渾 1976), 이후로는 영국을 비롯하여 유럽 곳곳에 유사한 사례가 조사되면서 신석기시대의 성혈과 동심원까지 확인되고 있다(E W MacKie and A Davis 1988). 뒤에서 보듯이 우리나라의 경우도 선사시대에 새겨진 것으로 볼 수 있는 성혈이 일부 존재한다. 따라서 성혈이 새겨지기 시작한 것은 선사시대부터이지만, 거석에 새겨진 성혈 대부분을 선사문화의 산물로 보는 시각에는 경계심이 필요하다.

근현대사회에까지 뿌리 깊게 남아 있었던 남아선호사상에 대해 거석신앙과 밀접한 관련성을 보여주는 민속 사례들이 많다. 남자아이를 바라는 부녀자가 음력 칠월 칠석날 자정에 성혈이 있는 곳에 와서 일곱 개의 구멍에 곡물을 넣고 기도한 후, 그것을 종이에 싸서 치마 아래에 숨겨서 돌아오면 남자아이를 얻을 수 있다고 믿었던 민간의 풍습이 있었다(黃龍渾 1976). 앞에서 언급하였듯이 평매바위에는 윗면의 구멍에 돌을 던져서 들어가면 아들을 낳거나 결혼한다는 이야기가 전해져 온다. 또 영주 가흥리에 있는 마애여래좌상은 얼굴부분이 심하게 훼손되었는데, 이것은 마애불에서 돌가루를 채취하여 물에 달여 먹으면 아들을 낳는다는 속설 때문이었다(이필영·한창균 1988; 이형우 2007). 감은사지 석탑의 기단부에 있는 여러 개의 성혈도 후대의 민간신앙과 관련이 있는 것으로 알려져 왔다.

한편으로는 민간신앙과 무관하게 현대사회에서 단순한 놀이로 인해 성혈이 생겼다는 민속 사례도 있다(이필영·한창균 1988). 순천 창촌 지석묘에는 직경 13.6~4.1㎝의 성혈이 칠십여 개나 있는데, 이것은 어떤 의미를 담은 민간신앙이라기보다는 단순한 행위의 결과라는 것이다. 마을 주민들에 의하면 이것은 벼의 낟알을 쪼아 먹는 참새로부터 논을 지키기 위해서인데, 허수아비를 세우는 것만으로는 효과가 크지 않아 사람이 직접 논을 지키면서 그곳에 있는 지석묘 상석에 뚫은 구멍이라고 한다(이영문 1984).

이러한 민간의 풍습이 청동기시대에도 있었을 것이라고 보는 시각도 없지는 않지만(우장문 2004), 대부분의 성혈은 근현대사회에서 형성되었을 가능성이 높다.

## 5) 청동기시대의 성혈

성혈이 청동기시대에 형성되었다는 뚜렷한 근거를 제시하기 어려운 상황에서도 그것을 청동기시대의 신앙이나 의례와 관련시키는 견해는 예전부터 있었으며(이융조 1980), 암각화 연구에서도 대체로 그렇게 보고 있는 것 같다(신대곤 2017; 강봉원 2017). 이러한 가운데 우리나라에서 청동기시대에 새겨진 성혈이라는 근거가 뒷받침되는 자료도 조금씩 확인되고 있다.

부여 송국리 1호 석관묘는 비록 지석묘는 아니지만 청동검을 비롯한 부장유물과 무덤의 입지 등에서 청동기시대 지배자급 무덤의 표지 자료로 인정받고 있다. 이 무덤의 뚜껑돌〔개석(蓋石)〕 윗면에는 직경 2~7㎝ 크기의 성혈이 칠십 네 개나 있다(김길식 1998). 뚜껑돌은 묘광 어깨선보다 10㎝ 정도 낮은 위치여서 발굴조사 당시는 물론 청동기시대에도 지표면에 노출되지 않았을 가능성이 높다. 그렇다면 여기에 새겨진 성혈은 후대의 소산이 아니라 청동기시대 당시에 새겨졌을 것이다. 무덤을 만들면서 새긴 것인지, 그 전부터 있던 것을 무덤의 뚜

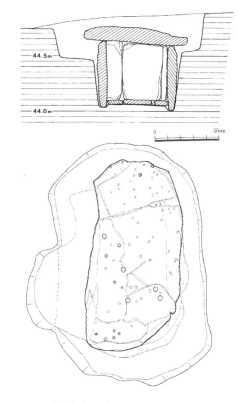

**그림 5  부여 송국리 1호묘**

껑돌로 한 것인지는 알 수 없지만, 지배자급 인물의 매장의례와 무관하지 않을 것이다.

다음은 보성 동촌리 1호묘이다(국립광주박물관 2003). 이 무덤은 지하의 무덤방과 지면 사이에 돌과 흙을 번갈아 채운 구조로 밝혀졌다. 채워진 돌은 세 개의 층을 이루고 있는데 그 중 가장 아래쪽인 1차 적석층에 있는 길이 3m 내외의 대형 판석에서 성혈이 여러 개 확인되었으며, 무덤방 벽석에도 얕게 파인 성혈이 여러 개 있었다. 모두 지상에 노출되지 않고 지하에 묻혀 있는 부분에서 확인된 것이어서 후대의 소산이 아니라 청동기시대 당시에 새겨진 것으로 볼 수 있다.

그리고 함안 도항리 암각화 지석묘 상석에는 약 일백 칠십여 개의 크고 작은 성혈과 일곱 개 이상의 동심원이 조화로운 구성을 이루고 있다(국립창원문화재연구소 1996). 동심원은 청동기시대 암각화의 대표적인 무늬인데, 자세히 보면 성혈 둘레에 여러 개의 동심원을 등간격으로 새긴 모습이다. 동심원과 겹치지 않으면서 그 주위로 무수한 성혈들이 배치되어 한 구도(構圖)의 화면으로 볼 수 있고, 마치 밤하늘의 은하계를 표현한 듯하다(이주헌 2011). 앞에서 성혈을 별자리로 보는 시각은 경계해야 한다고 하였지만, 함안 도항리 암각화와 같은 예

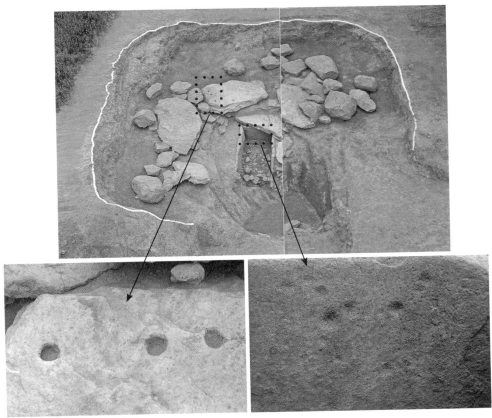

사진 74　보성 동촌리 1호묘

외적인 사례도 있어 개별 자료 하나하나에 대한 면밀한 관찰과 검토가
필요하다.

　　이상과 같이 지석묘 상석에서 종종 확인되는 성혈은 후대의 민간
신앙에 의한 것이 많지만, 그 중에는 선사시대에 형성된 것도 있음을
알 수 있다. 따라서 지석묘 상석을 비롯한 거석에 성혈을 새기는 풍습
은 선사시대부터 현대사회까지 지속되어 왔으며, 공간적으로는 세계
적인 분포를 보이고 있어 인류문화의 보편적인 요소 가운데 하나이다.

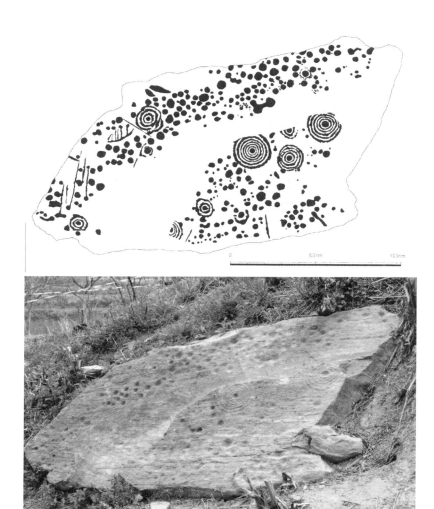

사진 75  함안 도항리 암각화 지석묘

# V. 중국 동북지역과 일본열도의 지석묘 상석

## 1. 랴오둥지역의 지석묘와 거석신앙

### 1) 근현대인들의 인식

선사시대에 형성된 지상의 구조물이 현대인들에게 어떤 초자연적인 것으로 인식되어 전설이 생성되기도 하면서 민간의 생활 속에 깊숙이 자리하고 있는 모습을 앞에서 보았다. 이러한 모습은 중국 랴오둥[遼東]지역에 있는 대형 탁자식 지석묘에서도 드러난다. 이곳의 지석묘는 1895년 도리이 류조의 조사에 의해 학계에 처음 알려졌다. 이때 그는 하이청[海城] 일대에서 석조물 두 기를 조사하여 석실(石室)이라고 명명하면서, 이것을 유럽에서 말하는 '돌멘'과 같은 것으로 간주하였다 (鳥居龍藏 1896; 田村晃一 1996).

현재 중국에서는 대규모 상석이 있는 지석묘를 석붕(石棚)이라는 이름으로 부르고 있다. 이 용어는 12~13세기대의 중국 문헌인『압강 행부지(鴨江行部志)』에 "··· **신기(神技)와 같은 기술이 없으면 도저히 불가능하다. 마을 사람들은 이것을 석붕이라고 부른다. ···**"라는 내용으로 처음 등장한다. 현재 대형 탁자식 지석묘가 있는 곳의 주민들은 석붕을 '장군분(將軍墳)'·'선인당(仙人堂)'·'비래석(飛來石)'·'성성석(星星石)' 등으로 부르고 있어(華玉冰 2006), 큰 인물이나 신선 혹은 천상의 세계와

연관시키고 있음을 알 수 있다. 또 후대에 사당으로 이용되어서 '석묘자(石廟子)'·'석붕묘(石棚廟)'라고 하거나(遼寧省文物考古硏究所 1994), 모습이 사당과 유사하다고 해서 '대묘(大廟)'라고도 불리는 등(八幡一郎 1987) 사당 묘(廟)자를 붙여서 제사의 장소임을 직접적으로 드러내기도 하였다.

## 2) 민간의 전설

중국의 지석묘에도 민간의 전설이 깃든 것이 여럿 있으며, 여성이 지석묘를 만든 후 상석에 올라 승천하여 신선이 되었다는 이야기 구조를 보인다. 그 사례로 대표적인 것은 랴오닝성에 있는 시무청(析木城) 지석묘로서 산 위에 있는 것을 '시어머니돌', 산 아래에 있는 것을 '며느리돌'이라 불렀다. 이로 인해 생긴 이름이 '고수석(姑嫂石)'이며 여기에는 두 가지 전설이 있다. 시어머니는 하룻밤 사이에 지석묘를 만들고 상석 위에 올라가 신선이 되었다. 그러나 며느리는 지석묘를 만든후 집을 떠나기 아쉬워 다시 아이를 보러 갔다가 돌아왔는데 지석묘가 무너지자 화가 나서 그 밑에서 죽었고, 이후 뻐꾸기가 되어 하루 종일 '시어머니 기다려요'라고 외쳤다는 이야기이다. 다른 하나는 산의 위와 아래에 있는 것을 뒤바꿔서 부르는 것으로, 시어머니의 학대에 못 견딘 며느리가 언덕으로 달려가 거석으로 변해버렸고, 이 광경을 보고 크게 뉘우친 시어머니가 언덕 아래에서 거석으로 변해버렸다는 이야기이다(遼寧省文物考古硏究所 1994; 許玉林 1995).

또 랴오닝성 가이저우(蓋州)에 있는 스펑산(石棚山)·잉산춘(仰山村)·싼쭤(三座) 지석묘 등에는 다음과 같은 이야기가 있다. 옛날 이 일대에 삼소신녀(三霄神女)라는 세 여신이 살고 있었다. 어느 날 그녀들은 같은 날 밤 각각 세 지점에 가서 지석묘를 만들어 먼저 완성한 자는 돌에 올라 승천하고, 그렇지 못한 자는 영원히 천계로 돌아갈 수 없는

사진 76   시무청(析木城) 지석묘

것으로 약속하였다. 스펑산의 여신은 닭이 울기 전에 완성하여 승천하였지만, 잉산춘의 여신은 날이 밝도록 완성하지 못해 한을 품고 조랑말이 되어 지금까지도 이곳에서 처량하게 울고 있다는 전설이다. 현재 스펑산 지석묘는 반듯하게 서 있는 반면, 잉산춘 지석묘는 쓰러져 있는 모습과도 관련이 있는 것 같다(遼寧省文物考古硏究所 1994).

이와 달리 스펑산 지석묘에는 옛날 산사태나 홍수 때문에 사람들이 마을을 떠날 정도로 자연재해가 많았는데, 어느 날 갑자기 안개가 끼고 다음날 새벽에 구름이 걷히자 산에 이 지석묘가 나타났고 그 이후로는 계속해서 날씨가 좋아졌다는 설화가 전해 온다(遼寧省文物考古硏究所 1994). 이 이야기는 선녀가 승천하는 위의 설화와는 다르지만 지석묘 상석의 등장을 신비스럽게 묘사한 점에서, 구릉 위에 우뚝 서 있는 거석을 신성시하였던 근현대 사람들의 인식이 잘 반영되어 있다.

## 3) 근현대사회에서의 기능

중국고고학에서는 예전부터 대형 탁자식 지석묘에 대해 원시사회의 의례기념물로서 제사를 지내는 장소라거나(王獻堂 1957; 陶炎 1981) 영석(靈石)숭배의 한 표현이라는(肯兵 1980) 견해가 있어 왔다. 지석묘가 선사시대 무덤이라는 인식이 보편화된 시점에서도 랴오둥반도의 대규모 탁자식 지석묘는 무덤인 동시에 의례를 위한 거석기념물이라거나(陳大爲 1991; 遼寧省文物考古硏究所 1994), 대규모의 것은 축조될 당시부터 신전과 같은 기능의 제사 건축물이었으며 그 외 중소 규모의 것은 무덤과 제사건축물을 겸한 것으로 보기도 하였다(武家昌 1994).

이처럼 대규모 탁자식 지석묘에 대해서는 무덤으로서의 기능과 함께 거석기념물적인 측면에도 관심이 기울여져 왔으며, 근래에도 이러한 관심은 계속되고 있다. 시무청과 같은 대규모 탁자식 지석묘는 주위가 한 눈에 내려다보이는 언덕에 위치한 점, 상석 아래의 벽석 중 세 매는 상석을 받치고 있는데 비해 한쪽 단벽은 사람이 드나들 수 있을 정도로 낮게 설치된 점에서 무덤이 아닌 제사건축물로 본 것이다(王成生 2010). 이 견해에서는 특히 문헌자료에 의거한 추론이 주목되는데, 지석묘가 석(石)의 사(社)로 기재되어 있는 점을 주요한 근거로 들었다. 이것은 중국에서 고대부터 토지숭배의 장소를 가리키는 명칭이었으며, 『설문해자(說文解字)』・『예기(禮記)』 등에 나오는 용례 및 지석묘를 대상으로 한 여러 문헌기록들을 통해 시무청이나 스평산 같은 대규모 지석묘는 농경의 풍요를 위해 토지신에게 제사 지내는 장소였다는 것이다.

위와 같은 견해들은 언덕 위에 독립적으로 배치된 대형 탁자식 지석묘가 지금도 마을 주민들에게 신앙의 대상으로 숭배되고 있는 모습과도 무관하지 않은 것 같다. 이러한 모습이 가장 잘 알려진 스평산 지석묘는 20세기 초의 조사 당시 고운사(古雲寺)라는 사당으로 활용되고 있었다(八木奬三郎 1924). 1973년 랴오닝성 문물조사대에서 작성한 사당의 전체 평면도를 보면, 지석묘 주위 공간이 담장으로 둘

사진 77 스펑산(石棚山) 지석묘

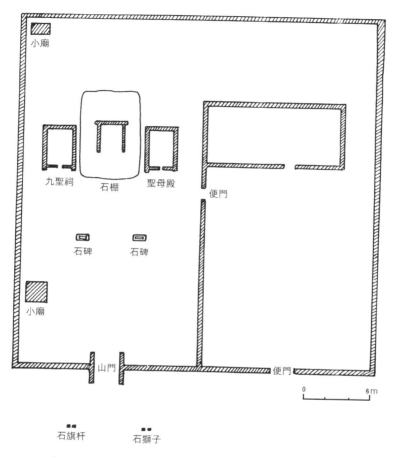

그림 6　스펑산 사당 도면

러싸여 있고 그 안쪽으로는 지석묘를 중심으로 하여 작은 사당 건물 여러 동과 한 쌍의 비석이 있으며, 출입문 바깥에도 돌로 만든 동물상들이 있다. 이 평면도와 비석에 기록된 아래의 내용을 통해 사당 건축물의 웅장함을 느낄 수 있다고 한다(遼寧省文物考古硏究所 1994).

"石棚山은 개평현에서 남쪽으로 90리 떨어진 곳에 위치하며, 강 북쪽 기슭으로 떠내려가고 있다. 석실 한 칸이 있고, 扁石은 세 개로 축조되어 있는데, 하나는 길이가 *2*장 *8*척, 너비가 *1*장 *8*척, 두께는 *1*척 *8*촌이다. 동서 양벽은 각각 길이가 *8*척 *4*촌, 높이는 *8*척 *2*촌, 두께는 *8*촌이다."

"석실은 古雲寺로, 앞으로는 地藏王을 모시고, 뒤로는 南海觀音大士를 모시고, 좌우에는 天仙의 聖母廟와 九聖祠를 증축하였다."

"청나라 이전의 同治 6년 동안 보수공사를 했다. 民國 6년에도 약간의 꾸밈이 있었고, 또 石旗杆 한 쌍 등 院 안의 古松盤荫도 추가하였다."

"殿宇는 고창하고, 金碧 휘황찬란하고, 소나무 가지가 감돌고 깃발이 나부끼고 산의 빛이 옅고 강물이 넘실거린다."

(遼寧省文物考古研究所 1994: 24~25)

현재 이러한 후대의 건물지는 없어졌지만 마을 주민들이 향을 피우고 소원을 비는 곳으로 계속해서 사용되고 있다. 이밖에 현대의 구조물이 덧붙여진 타이쯔툰〔臺子屯〕 지석묘 역시 주민들의 기도처로 활

사진 78　타이쯔툰〔臺子屯〕 지석묘

발히 이용되고 있다.

　이처럼 중국 동북지역에서도 지석묘가 후대의 민간신앙에 활발히 이용되고 있는데, 그렇다고 해서 대규모 탁자식 지석묘가 처음부터 무덤과 무관한 의례기념물로 시작되었다고 주장하려는 것은 아니다. 선사시대에 무덤으로 축조되었더라도 역사시대에 와서 의례와 관련된 거석기념물로서, 민간의 삶 속에서 집단적·개인적인 제사의 장소로 이용되어 왔던 측면에도 관심을 가질 필요가 있다는 점을 강조하고 싶은 것이다.


## 2. 규슈지역의 지석묘와 거석신앙

### 1) 신사(神社)의 거석

일본열도 규슈〔九州〕지역에 분포하는 지석묘는 한반도 남부지역으로부터 유래된 것이다. 동북아시아 지석묘 문화권의 가장 남쪽에 해당하는 일본열도의 지석묘 역시 한반도와 중국 동북지역처럼 근현대의 민간신앙과 밀접한 관계가 있다.

　후쿠오카현에는 오오이타이〔大阪井〕(松岡史 1979) 지석묘를 비롯하여 신앙의 대상이었던 것이 적지 않다. 나가노미야노마에〔長野宮ノ前〕 지석묘는 다이쇼〔大正〕시대에 신여악석(神輿握石)이라 불리면서 신앙의 대상으로 숭배되었다(前原町教育委員會 1989). 나가사키현에도 사토타바루〔里田原〕 지석묘 등이 신앙의 대상물이었으며(正林護編 1975), 오가와치〔小川內〕 지석묘는 '소의 신'으로 불리기도 하였다(坂田邦洋 1978). 구마모토현의 경우 대나무숲에 보존되어 있는 나가타〔永田〕 지석묘 상석에는 불상 등을 놓고 제사를 지낸 흔적이 있다(坂本経曉 1959).

사진 79 　사토타바루〔里田原〕 지석묘

특히 일본에서는 지석
묘 상석과 같은 거석을 가까
이에 있는 신사로 옮겨서 신
성시하는 하는 경우가 많다.
시토〔志登〕 지석묘는 후쿠오
카현 시토 신사 남쪽의 논에
있던 '석신(石神)'이라고 불
리던 거석이었다. 현재는 신
사 입구로 옮겨져 세워진 상
태이며 그 앞에 공물대(供物
臺)가 놓이는 등 신성한 기
물로 숭배되고 있는 모습을
볼 수 있다(八幡一郞 1952; 文

사진 80 　시토〔志登〕 지석묘

사진 81　이시마루(石丸) 지석묘

化財保護委員會 1956).

　　오오이시(皇石) 신사에서 신체(神體)로 모시고 있는 거석은 '황석(皇石)'이라고 불리는(古谷淸 1911) 등 신성한 이름이 붙여지기도 하였다. 후쿠오카에는 이외에도 이시마루(石丸)·이타요우에(井田用會)·이타오고모리(井田御子守) 지석묘 상석 등이 마을에 있는 신사 경내로 옮겨져서 보관되고 있다(八幡一郎 1952; 松岡史 1979). 이시마루 상석 둘레에는 나무 울타리를 설치한 후 끈으로 연결하고 그 끈에 다시 작은 기여러 개가 매달려 있어서 현대사회에서의 제사 흔적이 뚜렷하다(久留米市敎育委員會 1990).

　　사가현에도 요시노가리히요시(吉野ヶ里日吉)(국립나주문화재연구소 2011) 신사 및 텐만구(天滿宮)(森田孝志 1997; 국립나주문화재연구소 2011) 경내에 지석묘 상석으로 추정되는 거석이 있으며, 사오리(佐織) 지석묘도 유적의 서쪽 끝에 있는 신사 경내로 이동시켜 신앙의 대상으로

사진 82   요시노가리히요시〔吉野ヶ里日吉〕 신사의 거석

사진 83   키후네〔貴船〕 지석묘

삼고 있다(高島忠平 1975). 구마모토현의 키후네〔貴船〕 신사 경내에 세
워진 거석도 원래는 지석묘 상석이었으며(桑原憲彰 1979; 菊池市 1982),

후지오〔藤尾〕 지석묘군 가운데 후대에 입석처럼 세워진 야호코〔矢鉾〕 지석묘 상석도 숭배의 거석으로서 인근의 신사에서 제사지내는 곳이라고 한다(坂本経曉 1959).

일본의 지석묘 상석은 한반도의 것에 비하면 규모가 매우 작은 편이고, 그 가운데 비교적 큰 것이라고 해도 너비에 비해 두께가 얇아서 대체로 납작한 모양이다. 주로 편평하고 납작한 모양의 지석묘 상석이 있는 곳 주변에 신사가 건립되거나 상석이 신사로 옮겨진 경우가 적지 않다. 이러한 현상은 지석묘 상석과 같은 모양의 거석이 예로부터 민간신앙의 대상이었고, 그것이 있는 곳에 신사가 건립되는 점도 거석과 관련된 장소의 상징성 때문이었을 것이다. 실제로 신사 이름에 '석(石)'이라는 글자가 붙은 것이 많고, 거석을 숭배하는 민간신앙적인 측면이 신사의 기원과도 어느 정도 관련이 있다는 견해도 있다(大場磐雄 1963). 지석묘 상석과 신사의 밀접한 관련성은 규슈지역에서 야요이시대 고고자료의 후대 재활용을 보여주는 가장 대표적인 양상이다.

## 2) 구전설화의 전래

우리나라나 중국처럼 민간신앙의 대상이었던 일본의 지석묘 상석에도 여러 구전설화가 전해 온다. 후쿠오카현에는 각지에 비석(飛石)이나 입석(立石)이라는 이름이 붙은 지석묘 상석이 있다. 산쇼〔三所〕 신사 뒤쪽 밭에 센리토비이시〔千里飛石〕라고 불리는 편평한 화강암 거석이 세워져 있다. 지석묘 상석으로 추정되는 이 거석은 옛날 천리 밖에서 하늘을 날아와 이곳에 떨어졌다고 하며(八幡一郎 1952; 松岡史 1979), 거석에 끈을 묶어 놓은 모습에서 지금도 신앙의 대상임을 알 수 있다. 그리고 상석에 대한 실측조사만 이루어진 후쿠오카시 소재의 시카후나이시〔四箇船石〕는 20세기 초반까지 '움직이는 돌' 또는 '숭상하는 돌'이라고 전해지면서 그곳 사람들에게 신성시되었으며(支石墓研究會 1988), 윗

사진 84　센리토비이시〔千里飛石〕 지석묘

면 전체에 불규칙적으로 새겨진 여러 개의 성혈도 민간신앙과 관련된 것으로 추정된다.

　사가현 후나이시〔船石〕 유적의 1호 지석묘 상석은 귀석(龜石), 2호 지석묘 상석은 선석(船石)으로 알려져 있었다. 거석의 전체적인 모양이 거북이 및 배를 닮아서 그렇게 불리었던 것 같다. 특히 배 모양 거석으로 불린 2호 지석묘 상석 아래의 표토를 제거하자 13~14세기의 토기 약 일천여 점이 출토되었다. 이 토기들은 당시의 지표면과 상석 사이의 공간에 놓이거나 던져 넣어졌던 것으로서, 거석과 관련한 장기간에 걸친 제사의 흔적으로 보인다(松岡史 1979; 佐賀縣上峰村敎育委員會 1983). 2호 지석묘 뒤편에 있는 1호 고분의 천정석은 ‘비혈석(鼻血石)’이라고 불리었다. 옛날 노인들이 어릴 때부터 이 위에 올라가면 코피가 난다는 이야기를 들었고 그것이 계속 구전되어 왔던 점과 관련된 이름으로 보인다. 이것은 원래 지석묘 상석이었던 것을 이후 시대 고

사진 85   시카후나이시〔四箇船石〕 지석묘

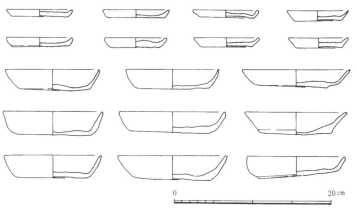

사진 86   사가현 후나이시〔佐賀縣 船石〕 지석묘와 출토 유물

분의 천정석으로 재활용한 것이며, 2호·3호 고분의 벽석에 이용된 거석도 지석묘 상석이었을 가능성이 높다고 한다. 또 1956년 학교 교정에 세워진 충혼비(忠魂碑)로 전용(轉用)된 무라토쿠나가(村德永) 지석묘 상석에는 옛날부터 움직이면 번개가 울리기 때문에 함부로 옮길 수 없었다는 이야기가 있다(佐賀市史編さん委員會 1977). 학교 내의 비석으로 활용된

사진 87   무라토쿠나가(村德永) 지석묘

사례는 후쿠오카현의 센조쿠(千足) 지석묘도 해당된다(松尾禎作 1957). 앞에서도 보았듯이 우리나라의 연천 군남중학교 및 장성 약수중학교에도 이런 사례가 있었다.

그리고 구마모토현의 죠가사키(城ヶ崎) 거석은 고쇼(五所) 신사 내에 위치하며, 제2차 세계대전 이전 활주로 건설로 인해 이 일대의 흙을 퍼내면서 이동되었지만 이후 이에 따른 재앙을 무서워하여 원래대로 되돌려 놓았다는 이야기가 있다(坂本経暁 1959).

## 3) 자연 거석 숭배

우리나라도 그렇듯이 일본열도에도 자연 거석을 신성한 존재로 숭배하였던 여러 민속 사례들이 도처에 있다. 현해탄의 작은 섬 오키노시마(沖ノ島)에 있는 거석의 제사유적은 4세기 후반경부터 야마토(大和) 정권과 한반도 및 중국과의 교섭의 중요한 시점에 해신(海神)에 대한

국가적 제사가 거행된 곳이며, 지금까지도 신령스러운 섬으로서의 맥을 이어오고 있다. 고문헌에도 등장하는 무나가타 타이샤[宗像大社]는 일본에서 가장 오래된 신사 가운데 하나로서 베츠노미야[邊津宮]·나카츠노미야[中津宮]·오키츠노미야[沖津宮]라는 세 개의 신전으로 이루어지며, 그 가운데 거석의 제사 유적이 오키노시마에 있는 오키츠노미야 부근에 위치한다. 거석 주위에서 출토된 유물을 통해 이곳이 선사~고대에 제사의 장소로 이용되었음이 밝혀졌다. 주요 출토 유물로는 여러 토기를 비롯하여 중국에서 수입된 금동제 용두(龍頭)와 당삼채(唐三彩), 한반도에서 수입된 철정(鐵鋌), 기나이[畿內]의 전방후원

사진 88  오키노시마[沖ノ島] 제사유적

분에서 보이는 청동거울 등이 있다(宗像神社復興期成會 1958; 1961; 宗像大社復興期成會 1970; 1971; 1979).

　　나가사키현의 북서쪽 해상에 위치한 노자키시마[野崎島]의 산 중에 위치한 거석 유적은 거대한 바위기둥 위에 편평한 돌이 탁자 모양

으로 놓여 있어 마치 탁자식 지석묘를 연상케 한다. 보고문에는 돌멘이라는 용어가 사용되었는데 지석묘와 관련한 내용이 없어 아마도 거석이 놓여진 모습에서 돌멘이라고 한 것 같다. 현재 이곳은 작은 사당으로 이용되고 있다. 이곳에 가려면 마을에서 약 4km의 산길을 걷거나 거석 아래의 해안에 배를 댄 후 올라가야 하므로, 일상적인 생활공간이 아니었음은 분명하다. 섬의 주민들은 이 거석을 '생석(生石)'이라고 부른다. 신공황후(神功皇后)가 바다의 수호신으로 받든 황자(皇子)의 무덤이라는 전설이 깃들어 있으며, 어떤 위대한 인물의 무덤이었다고 전해오기도 한다(近藤 忠·山口要八 1951).

위와 같은 규슈지역의 유적 외에도 자연 거석을 석신(石神)으로 섬겼던 곳은 오오바 이와오의 연구에서(大場磐雄 1970; 1996) 보듯이 일본열도 도처에서 산재해 있다. 그 가운데 히로시마현 키노무네야마(木の宗山) 유적에서는 입석 모양의 거석 아래에서 야요이시대의 동탁·동과·동검이 출토되어, 우리나라의 마산 가포동 유적과 유사한 모습이다.

# Ⅵ. 기억장치와 거석신앙

## 1. 고고학과 민속학의 연결

지석묘는 주로 선사고고학의 연구 대상이지만 근현대의 민간신앙에도 활발히 이용되었기 때문에 민속학적 연구의 대상이기도 하다. 거석기념물과 거석신앙은 고고학 외에 민속학이나 문헌사학에서도 접근할 수 있어 어느 한 분야에 한정하는 것은 바람직하지 않다. 특히 근현대 고고학의 경우 대상으로 하는 물질자료와 관련이 있는 문헌이나 민속 사례에 대한 검토는 중요하다.

각종 개발공사와 그에 따른 구제발굴조사로 인해 많은 유적들이 사라지고 있으며, 그와 동시에 그곳의 민속문화도 소멸되어 간다. 그래서 1980~90년대의 고고학 발굴조사 및 지표조사 보고서에는 해당 지역의 민속 조사 내용이 포함되기도 하였는데, 최근의 고고학 간행물에는 민속에 대한 고려가 열어지고 있는 것 같다. 그래도 지표조사 보고서에는 민속 관련 내용이 조금씩 포함되고 있으며, 창녕 사창리 유적 발굴조사 보고서에는 해당 지역에 대한 민속학적 고찰이 첨부되어 있다(이상현 2009). 이외에도 민속 부분을 포함하는 고고학 조사보고가 간간이 있어 그나마 다행스럽다. 신앙 및 종교와 관련한 것일수록 고고학만으로는 해결할 수 없는 부분이 너무나 많아 인접 학문 분야의

사진 89  발간물 표지

도움이 필요하며, 고고학자 스스로도 여타 학문 분야에 관심을 기울여
야 한다.

　이러한 시각에서 지석묘 상석을 바라볼 때, 이영문 교수의『고인
돌 이야기』와『고인돌, 역사가 되다』라는 저서는(이영문 2001: 2014) 지
석묘 상석을 대상으로 고고학과 민속학 양쪽에서 일반 독자들에게 접
근하고 있다. 그 저서에는 선사시대 지석묘에 대한 개괄적인 소개와
함께 호남지역을 중심으로 지석묘 상석에 관련된 민속 사례까지 담고
있어 이 책의 집필에도 많은 동기부여가 되었다.

　그리고 이와 더불어 아라가야향토사연구회에서 발간한『함안고
인돌』도 다시금 주목할 만하다(아라가야향토사연구회 1997). 앞의 Ⅳ장에
각 절마다 함안지역 지석묘 상석에 대한 여러 민속 사례가 소개되었는
데, 이 기회에 해당 연구회의 성과에 대해 몇 마디 덧붙이고 싶다. 지
석묘 상석에 대한 민속 연구는 호남지역에서 비교적 활발하였던데 비
해, 영남지역의 경우는 이에 대한 관심이 크지 않았다. 그 와중에『함
안고인돌』에는 지석묘 자체의 현상 기록과 함께 이에 대한 민속 사례
도 자세히 소개되어 있어, 발간된 지 삼십여 년이 가까워지고 있는 지

금도 참고할 만한 점이 있다. 당시 아라가야향토사연구회는 고고학 전공자도 일부 참여하였지만 아마추어 연구자들이 주축이었으며, 현재에도 지역의 문화재 보호에 열성적이다. 비전문가그룹에 의한 발간물임에도 지표조사보고서로 손색이 없고, 고고학적 연구에서 비중 있게 다루지 않았던 민간신앙과 전설까지도 소홀히 하지 않고 꼼꼼하게 기록하려고 한 점은 인상 깊다.

오늘날 고고학을 전문으로 하는 기관이나 연구자는 1990년대보다 많아졌는데, 그에 발맞추어 아마추어 고고학 활동이나 관심도 그만큼 확장되었을까? 각지의 발굴조사뿐만 아니라 여러 기관에서 일반시민들을 대상으로 한 고고학 관련 특강은 예전보다 훨씬 많아졌는데도 불구하고, 일반시민들이 자발적으로 멤버를 구성하여 유적을 답사하는 등의 활동력은 오히려 예전만 못한 것 같은 느낌이 들 때가 있다. 점차 사라져 가고 있는 함안지역 지석묘를 생각하면 아라가야향토사연구회의 성과는 열정뿐만 아니라 내용적으로도 평가받을 만하다.

## 2. 기억장치로서의 지석묘 상석

선사시대의 무덤으로 출발한 지석묘 상석은 후대의 사람들에게 신기한 거석으로 여겨지면서 소원을 비는 장소로 이용되고, 때로는 전설의 소재가 되기도 하면서 민간의 삶과 밀착되어 왔다. 거석이나 거목이 마을의 상징물로서 신성시 되는 현상은 한반도를 포함한 동북아시아는 물론이고 세계 각지에서 볼 수 있다. 따라서 거석기념물은 인류 보편의 문화요소라고 할 수 있으며, 고고학은 물론 인류학이나 민속학에서도 많은 관심을 기울여 왔다.

조상숭배의 대상물이자 민간의 이야기를 담은 거석기념물 그 자체는 시간이 지나도 변치 않지만, 그것의 사회적 기능이나 그 속의 이야기는 변천을 거듭하면서 지속되어 갔다. 그래서 기념물의 축조는 특정한 세계관을 영구화하는 방법 중 하나로서 '사회적 기억'을 발달시키는 방법이기도 하므로, 거석기념물 그 자체는 '기억의 매개체'가 된다(Richard Bradley 2002).

고고학적 물질자료는 여러 시대에 걸쳐 다양한 사회와 인간의 경험 및 기억이 함유되어 있을 것이라는 점에 주목하여 고고학적 맥락에서 사회적 기억을 살펴보려는 연구가 늘어나고 있다. 유럽의 고고학에서는 '과거에 있어서의 과거'에 대한 관심도 높아지고 있다. 고고학적 물질자료는 여러 시대에 걸쳐 다양한 사회와 인간의 경험 및 기억이 함유되어 있을 것이라는 점에 주목하여, 그러한 '사회적 기억'이라고도 할 수 있는 측면을 고고학적 맥락에서 살펴보려는 시도들이 적지 않은 것 같다(Ruth M. Van Dyke and Susan E. Alcock 2003). 이에 따라 선사시대에 축조되었던 기념물이 그 이후 시대의 사람들에게 어떻게 기억되었는가? 예를 들어 중세 및 근세의 사람들은 그보다 먼 과거의 유적과 유물을 어떻게 인지하고 있었고, 먼 과거의 기념물과 같은 물질자료를 재활용하는 것은 어떠한 맥락과 의미를 띠고 있는지에 대해 관심이 기울여져 왔다. 과거에 있어서의 과거를 리메이크 하는 것은 창조적인 행위라는 관점에서 볼 수 있을 것이다(Richard Bradley 2002). 그러나 근현대에 있어서 지석묘 상석에 얽힌 민간신앙은 과거에 지석묘 상석이 무덤의 표지물로 활용되었던 맥락과는 무관하다. 즉 과거의 리메이크와는 무관하다. 따라서 선사시대 기념물의 후대 재활용은 시대나 사회에 따라 다양한 맥락과 의미 속에 놓여 있는 것이다.

민속학에서도 특정 장소의 중요성에 대해 '기억장치'라는 용어를 사용하고 있다. 장소는 사람들의 기억을 돕는 기억장치의 하나로서 경험의 중심이자 과거의 기억을 이끌어내는 색인의 역할을 하기 때문이다(梅野光興 1998). 청동기시대부터 현대사회에 이르기까지 집단적이든, 개인적이든, 권력 강화이든, 개인적 소망이든, 지석묘 상석은 의례의 대상물이자 장소로서 나름의 전기(傳記)를 담고 있는 사회적 또는 개인적 기억장치이다. 지석묘 상석에 깃든 여러 전설이나 거기서 행해지는 마을제사 등은 거석기념물이 기억장치로서의 역할을 하고 있음을 잘 보여준다.

고고학에서는 주로 거석기념물이 형성된 당시의 문화에 관심을 두지만, 지상에 노출된 지석묘 상석이나 삼국시대의 고총고분 등은 해당 시대 이후에도 오랜 시간 동안 경관의 일부를 이루면서 계승되어 왔다. 그러한 과정에서 축조 당시의 기능과는 다르게 활용되거나 인식되기도 하였다. 이같은 지상의 구조물, 즉 여기서 거석기념물이라고 부르는 지석묘 상석은 근현대 사람들의 정신문화를 보여주는 것이어서, 고고학과 민속학을 연결하려는 노력은 '인지고고학'을 향한 하나

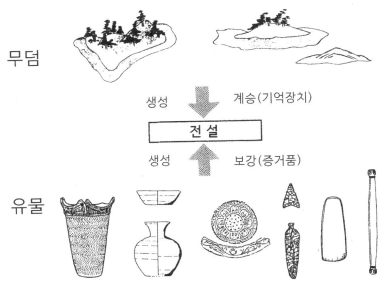

그림 7  고고자료와 전설

의 방향성을 보여주는 것이기도 하다.


## 3. 거석신앙의 과거·현재·미래

인간은 어떤 어려움을 해결하거나 원하는 바를 이루기 위한 하나의 방식으로서 지석묘 상석과 같은 거석을 대상으로 집단적·개인적 의례를 행하여 왔다. 거석이 신앙의 대상으로 된 배경에는 특이하거나 거대한 외형과 더불어 세월이 흘러도 변치 않을 것이라는 불변성이 크게 작용하였다. 이에 따라 거석에는 어떤 초자연적인 힘이 있을 것이라는 생각에서 지금 우리가 거석신앙(巨石信仰) 혹은 석신신앙(石神信仰)이라고 부르는 관념으로 발전하게 되었을 것이다.

민족학 분야의 고전적 명저인 하이네 겔더른의 '거석문제(Das Megalithproblem)'에 따르면(ROBERT HEINE-GELDERN 1959), 거석기념물을 축조하는 관습은 선사시대부터 근현대에 이르기까지 대부분의 시대에, 모계사회·부계사회·부족사회·왕조국가 등을 가리지 않고 대부분의 사회체제에 존재하였다. 거석기념물의 종류나 형태 및 이를 둘러싼 관습은 민족마다 다양한 측면도 있지만, 공통성—사회적 지위·의례 장소·영혼·조상숭배·다산 등—을 보이는 측면도 적지 않다. 그래서 지석묘·입석·환상열석과 같은 거석기념물은 과거·현재·미래를 관통하는 어떤 일정한 세계관의 외적표현물(外的表現物)로서 여러 의례와 결합되어 있다고 하였는데, 이러한 관점은 지금도 유효하다고 해도 좋을 것이다.

한반도에서 지석묘 상석이라는 거석기념물 역시 선사시대부터 현대사회에 이르기까지 의례와 관련된 상징물로서의 역할을 이어오고 있지만, 의례의 주체나 의미에서는 변화를 겪어 왔다. 청동기시대

의 대규모 상석과 묘역시설은 계층사회의 진전을 단적으로 보여주는
요소인 점에서 거기서 행해진 의례의 주체는 지배층이었을 것이고, 수
장 권력의 계승이나 합리화와 같은 것이 의례의 목적 가운데 하나였을
것이다. 삼국시대는 다른 시대에 비해 관련 자료가 분명치 않지만 통
일신라시대의 사례를 볼 때 고대사회에서도 거석의례의 존재는 분명
하다. 다만, 자료의 여건상 고대의 거석의례가 청동기시대처럼 지배층
중심의 의례였는지 아니면 민간신앙적인 성격이 강하였는지는 현재로
서 속단하기 어렵다.

거석기념물의 후대 재사용에 대한 연구가 비교적 활발한 유럽에
서는, 영국 선사시대의 환상열석이나 거대한 봉분이 포스트로마시대
및 중세 초기에 의례 장소 혹은 무덤으로 재활용된 양상을 '의례적 연
속성'이라는 시각으로 조망하면서, 선사시대 기념물의 재활용이 지배
층의 권력과 사회적 불평등을 합리화하는데 이용되었다고 한다(Rich-
ard Bradley 1987). 또 혈통의 정체성을 드러내기 위해서라거나(Richard
Hingley 1996), 과거의 기념물에 대한 신화적이고 초자연적인 인식이
중세 초기 지배집단들의 권력과 정치적 전략을 정당화하려는 의도에
이용되었다고 보았다(Howard Williams 1998). 덴마크 남부지역에서는
신석기·청동기시대의 봉분 속에 철기시대 화장묘(火葬墓)를 설치하기
도 하였는데, 이는 과거와의 연결성을 강조하면서 계층적 우위성을 확
립하려는 측면이 있었다는 주장도 있다(Mike Parker Pearson 1993). 경
관고고학에서도 신석기시대에 축조된 거석기념물이 청동기시대에 의
례의 중심지로서 권력이 재생산되는 주요 매개체로 활용되었다고 한
다(Christopher Tilley 1996).

이와 같은 견해들은 대체로 거석기념물의 후대 재사용에 대해 현
재의 삶을 조상 및 초자연적인 것과 관련시켜 신화적인 측면을 드러냄
으로써 과거와 현재의 연결을 강조하는 경향이 있다. 그렇게 함으로써

계층과 권력의 정당성을 합리화할 수 있는 좋은 수단이라는 공통된 관점도 엿보인다.

그러나 한반도의 지석묘 상석에 대해 선사시대가 아닌 역사시대에서의 재활용 양상을 보면, 계층이나 권력의 측면보다는 일반 서민층의 민간신앙적 측면이 강화되어 왔던 것 같다. 청동기시대의 거석기념물에서 유추할 수 있는 지배층이 주체가 된 집단적 차원의 의례는 시대가 내려오면서 점차 약화되어 간다. 중·근세 이래 현대사회까지 지석묘 상석을 대상으로 한 의례는 마을제사와 같은 집단적 행사도 있지만 개인적 소망 차원에서 행해진 것이 많다. 상석에 바라는 내용은 주로 안녕과 번영·무병·장수·출세·다산·남아선호 등과 같은 일상의 현실적인 소망이었다. 특히 현대사회에 와서는 마을제사와 같은 집단 차원의 거석의례는 쇠퇴한 반면, 개인 차원의 기도는 여전히 일상의 한 부분을 차지한다.

거석신앙은 현대사회를 넘어 미래사회에도 계속될 것이며, 집단성의 약화와 개인성의 강화라는 경향성은 더 강해질 것이다. 고고학은 과거의 물질자료를 통해 역사를 연구하는 학문이어서 흔히 아주 오래전의 역사를 다루는 것으로 인식되기도 하지만, 근래에는 고려~조선시대는 물론 20세기 초의 여러 역사적 흔적에 대한 발굴조사도 꽤 있다. 그래서 앞으로는 중세고고학이나 근현대고고학에 대한 관심과 연구가 늘어날 것으로 예상된다. 이 책에서 다루어 온 지석묘 상석이라는 일종의 거석기념물은 선사시대부터 현대사회까지 나름의 일대기를 형성해 오고 있으며, 거석이라는 특성상 미래에도 여전히 존재하면서 사람들의 인식 속에 자리할 것이다.

따라서 지석묘는 선사시대의 무덤에 머무르지 않고 고대를 거쳐 근현대사회까지 민간신앙으로서의 거석신앙을 낳았으며, 여기에 그치지 않고 미래사회에도 계속되면서 인간의 삶과 함께 할 것이다. 그렇

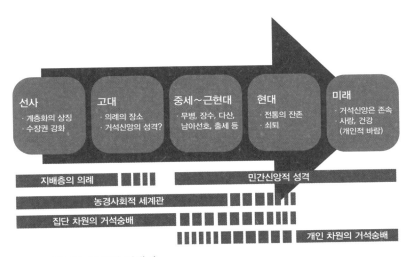

그림 8　지석묘 상석의 일대기

게 보면 지석묘 상석과 같은 거석기념물은 현재는 물론 미래사회로까지 고고학의 영역을 확장해주는 생생한 자료가 아닐까 한다. 미래사회에서의 거석신앙을 예상해 보자면, 이미 역사의 뒤안길로 접어든 다산이나 남아선호 등과 같은 사고(思考)는 사라질 것이며, 아마도 사랑과 건강에 대한 소망이 지석묘 상석에 기원하는 주요한 내용이 되지 않을까.

# Ⅶ. 맺음말

인간은 큰 바위나 큰 나무를 비롯하여 산·바다·강·호수 등에는 어떤 영적인 힘이 있다고 믿어서 특정한 때에 의례를 행하여 왔다. 이러한 자연물 숭배의 풍습은 선사시대에 시작되어 고대와 중세 및 근현대를 거쳐 첨단 과학기술시대인 오늘날까지도 이어지고 있다. 여기서는 선사시대 무덤의 표지물이었던 지석묘 상석이 청동기시대부터 현대사회에 이르기까지 의례의 장소 및 숭배의 대상으로 활용되어 온 문화사적 흐름을 살펴보았다.

지석묘가 유행하였던 청동기시대에도 상석 아래에 무덤방이 없는 이른바 제단지석묘가 적지 않아, 거석이 있는 곳은 선사시대부터 의례 장소로 이용되었다. 삼국시대에는 상석 아래의 무덤방을 재이용한 양상이 보일뿐 거석신앙의 흔적이 뚜렷하지는 않지만, 그 이후 시대의 양상을 고려한다면 이때에도 지석묘 상석에 대한 거석신앙은 있었을 것이다. 통일신라시대에는 여러 유적의 사례를 통해 지석묘 상석과 같은 거석을 신성시하였던 풍습이 있었음을 알 수 있다. 고려시대의 경우 문헌기록에 지석묘가 초자연적인 산물로 묘사되고, 상석 주변에서 의례에 사용되었을 것으로 추정되는 유물들이 출토되기도 하였다. 조선시대에 와서는 여러 유적에서 지석묘 상석을 숭배의 대상물로 활용하였던 모습들이 드러난다. 지석묘 상석은 고대와 중근세를 거쳐 지금까지도 민간의 삶과 함께 하는 신성한 상징물로서의 역할하고 있다.

거석기념물은 경관을 이루는 여러 요소 가운데 다른 어떤 것보다도 영구적인 존재라는 점에서 신비성과 상징성을 가질 수 있고, 거기에 스며든 신화나 전설은 민간신앙으로서의 거석신앙을 지속시키는 배경이 되었다. 다산·장수·풍요·집단의 안녕 등을 기원하였던 거석문화 혹은 거석신앙은 오래 전부터 세계 각지에서 알려져 왔으며, 여러 다양성과 함께 세계적인 공통성도 지적되었다. 시대에 따라 거석신앙의 성격이나 행위의 주체에 차이가 있더라도 거석에 어떤 초자연적인 힘이 있다고 믿었던 인간의 마음에는 시대를 관통하는 공통성이 있기 때문이다. 따라서 고고자료의 후대 재사용에 대한 연구는 인지고고학적 연구이기도 하다. 특히 지석묘 상석과 같은 특정의 거석은 그 물리적 특성상 쉽게 소멸되지 않을 것이므로, 과거와 현재는 물론 미래 사람들의 정신문화도 반영해 나갈 것이다. 이렇게 보면, 지석묘 상석이라는 거석기념물은 과거~현재~미래를 이어주는 물질자료인 동시에 정신문화의 자료라는 점에 큰 의의가 있다.

거석기념물의 일대기처럼 근현대 자료의 비중이 높아지면 고고학만으로는 해결하기 어려운 측면이 너무나도 많다. 물질자료는 비단 고고학만의 전유물이 아니며 여러 인접 분야에서도 다루고 있다. 특히 거석기념물에 대해서는 민족(지)학이나 민속학 및 신화학 등에서 축적된 연구가 많다. 거석기념물을 다루는 고고학적 연구는 문헌사학은 물론 인접 학문의 성과에도 관심을 기울이면서 분야 간의 공감도를 높여 갈 필요가 있다. 그래야만 물질자료에 대한 이해의 폭을 넓히고 고고학 본연의 목적인 물질자료를 통한 역사 및 문화 복원에 한걸음 더 다가갈 수 있을 것이다.

# 참고문헌

〈문헌자료〉

『삼국사기(三國史記)』

『동국이상국집(東國李相國集)』

『삼국지(三國志)』

『한서(漢書)』

『조야첨재(朝野僉載)』

『압강행부지(鴨江行部志)』

『신선전(神仙傳)』


〈전자자료〉

『한국민족문화대백과사전』 (http://encykorea.aks.ac.kr)

『한국향토문화전자대전』 (https://www.grandculture.net/korea)

창녕군청 홈페이지 (https://www.cng.go.kr/country/cntwn011/00001703.
　　　　web)

국가유산청 국가유산포털 (https://www.heritage.go.kr)


〈한국어 단행본〉

경기도박물관, 2007, 『경기도 고인돌』.

고창군지편찬위원회, 2009, 『고창군지』.

고현면지 편찬위원회, 2005, 『고현면지』.

광주직할시, 1990, 『광주의 문화유적』.

국립나주문화재연구소, 2011, 『일본 지석묘』 동북아시아 지석묘 6.

＿＿＿＿＿＿＿＿, 2015, 『영산강유역 지석묘Ⅰ』.

＿＿＿＿＿＿＿＿, 2016a, 『영산강유역 지석묘Ⅱ』.

＿＿＿＿＿＿＿＿, 2016b, 『영산강유역 지석묘Ⅲ』.

_____, 2016c,『영산강유역 지석묘Ⅳ』

_____, 2017,『영산강유역 지석묘Ⅴ』.

_____, 2018,『섬진강유역 지석묘Ⅰ구례·곡성』.

국립민속박물관, 1994,『전북지방 장송·솟대신앙』.

_____, 1995,『한국의 마을제당』제1권 서울·경기도편.

_____, 2003,『한국의 마을제당』제7권 경상남도·부산편.

_____, 2004,『한국의 마을제당』제8권 경상북도편(하).

_____, 2009,『한국민속신앙사전 －무속신앙-』.

_____, 2010,『한국민속신앙사전 －마을신앙1-』.

_____, 2011,『한국민속신앙사전 －가정신앙-』.

권태효, 2002,『한국의 거인설화』, 도서출판 역락.

김재원·윤무병, 1967,『한국지석묘연구』, 국립박물관.

김종대, 2004,『한국의 성신앙: 중부편』, 인디북.

당진문화원, 1993,『당나루의 맥락』(제Ⅻ집:전설편).

대성동고분박물관, 2012,『김해의 고인돌』.

도유호, 1960,『조선 원시 고고학』, 과학원 출판사.

목포대학교박물관, 1996,『전남의 고대 묘제』.

무라야마 지준/김희경 역, 2008,『조선의 귀신』, 동문선.

미르치아 엘리아데/이은봉 옮김, 1996,『종교형태론』, 한길사.

민속학회, 1994,『한국민속학의 이해』, 문학아카데미.

밀양문화원, 1987,『밀양지』, 밀양지편찬위원회편.

박영준, 1975,『한국설화·전설대전집』제1권, 대양사.

부산광역시사편찬위원회, 2005,『부산의 당제』, 부산광역시.

아라가야향토사연구회, 1997,『함안고인돌』.

울산광역시, 2004,『울산의 문화재』.

이동근, 2005,『경산지방의 설화문학연구』, 대구대학교 인문과학연구소.

이두현·장주근·이광규, 1991,『한국민속학개설』신고판, 일조각.

이영문, 2001,『고인돌 이야기』, 다지리.

_____, 2002,『한국 지석묘 사회 연구』, 학연문화사.

_____, 2004,『세계문화유산 화순고인돌』, 동북아지석묘연구소.

_____, 2014, 『고인돌, 역사가 되다』, 학연문화사.

이종철, 2003, 『한국의 성숭배문화』, 민속원.

장흥군, 1986. 『마을유래지』.

정상박, 2000, 『전설의 사회사』, 민속원.

조선총독부, 1937, 『부락제』.

조현설, 2013, 『마고할미 신화 연구』, 민속원.

최상수, 1958, 『한국민간전설집』, 통문관간.

택민국학연구원, 2009, 『대구지명유래총람』, 대구광역시.

하문식, 2016, 『고조선 사람들이 잠든 무덤』, 주류성.

한국정신문화연구원, 1982, 『한국구비문학대계』1-7 경기도 강화군편.

한상수, 1986, 『한국인의 신화』, 서문당.

화위빙(華玉氷)/하문식 옮김, 2019, 『중국 동북지구 석붕 연구』, 사회평론 아카데미.


〈한국어 논문〉

가종수, 2009, 「지금도 살아있는 지석묘 사회 숨바섬」, 『지금도 살아 숨쉬는 숨바섬의 지석묘 사회』, 북코리아.

강봉원, 2017, 「고령 장기리 암각화 고찰: 고고학적 맥락을 중심으로」, 『한국암각화연구』21.

강원종·이명엽, 1999, 「전북지역 문화유적 지표조사 보고(1)」, 『호남고고학보』10.

김길식, 1998, 「부여 송국리 무문토기시대묘」, 『고고학지』9, 한국고고미술연구소.

김동일, 1996, 「별자리가 새겨진 고인돌무덤에 대하여」, 『조선고고연구』3, 사회과학출판사.

_____, 2003, 「고조선의 석각천문도」, 『조선고고연구』1, 사회과학출판사.

_____, 2007, 「고조선시기 유적유물에 표시된 북두칠성에 대하여」, 『조선고고연구』4, 사회과학출판사.

김범철, 2012, 「거석기념물과 사회정치적 발달에 대한 고고학적 이해」, 『한국상고사학보』 75.

김병섭, 2009, 「밀양지역 묘역식 지석묘에 대한 일고찰」, 『경남연구』 창간호, 경남
　　　　발전연구원 역사문화센터.

김선기, 2000, 「고창 암치리 지석묘를 통해 본 무묘실 지석묘의 성격」, 『고문화』
　　　　56, 한국대학박물관협회.

김원명, 2022, 「원효 철학과 한국 고대철학」, 『동아시아불교문화』 51.

김일권, 1998, 「별자리형 바위구멍에 대한 고찰」, 『고문화』 51.

김학휘, 1983, 「선사유적지표조사보고 -영광 대마면·곡성 오산면을 중심으로-」,
　　　　『향토문화』 8.

김현숙, 2011, 「「울진 봉평리 신라비와 광개토왕비, 중원고구려비」에 대한 토론
　　　　문」, 『울진 봉평리 신라비와 한국 고대 금석문』 울진봉평신라비 전시
　　　　관 개관기념 학술대회 논총, 주류성.

박경원, 1958, 「창원군진동면성문리 지석묘조사약보고」, 『역사학보』 10.

배진성, 2012, 「지석묘의 기원 연구를 바라보는 일시각」, 『무덤을 통해 본 청동기
　　　　시대 사회와 문화』, 학연문화사.

＿＿＿, 2023, 「전기적 관점에서의 지석묘 상석」, 『고고광장』 33.

석상순, 2013, 「구비설화를 통해 본 '마고'의 원형」, 『선도문화』 14, 국제뇌교육종
　　　　합대학원 국학연구원.

석태륜, 1972, 「알바위」, 『민학』 1, 민학회.

손준호, 2016, 「호서지역의 지석묘와 그 보존 및 활용」, 『야외고고학』 26, 한국매
　　　　장문화재협회.

손진태, 1934, 「조선돌멘(Dolmen)고」, 『개벽』 신간호, 개벽사.

＿＿＿, 1948, 「조선 Dolmen에 관한 조사 연구」, 『조선 민족문화의 연구』, 을유
　　　　문화사.

송화섭, 2008, 「한국의 마고할미 고찰」, 『역사민속학』 27, 한국역사민속학회.

신대곤, 2017, 「고령 장기리암각화의 고고학적 위상」, 『한국암각화연구』 21.

양도영, 2002, 「신천유역의 지석묘 분포와 보존현황」, 『대구 이천동 지석묘』, 영남
　　　　대학교박물관.

우장문, 2004, 「경기지역 고인돌 문화의 특징」, 『백산학보』 69.

유병일, 2001, 「청동기시대 지석묘의 입지와 상석(上石)의 일고찰」, 『울산연구』 3,

울산대학교박물관.

_____, 2002, 「울산 지석묘사회의 한 단면」, 『울산연구』 4, 울산대학교박물관.

유태용, 2013, 「문헌자료에 나타난 고대인의 고인돌 인식」, 『고조선단군학』 29, 단군학회.

윤병렬, 2016, 「'말하는 돌'과 '돌의 세계' 및 고인돌에 새겨진 성좌」, 『정신문화연구』 제39권 제2호.

윤호필, 2013, 「축조와 의례로 본 지석묘사회 연구」, 목포대학교 박사학위논문.

이동희, 2017, 「지석묘의 재활용과 그 의미」, 『호남고고학보』 55.

이상길, 2000, 「청동기시대 의례에 관한 고고학적 연구」, 대구효성가톨릭대학교 박사학위논문.

이상현, 2009, 「창녕 상사창 마을사회의 변화와 당산제의 변화」, 『창녕 사창리 유적』, 우리문화재연구원.

이선복, 2001, 「뇌부고」, 『한국고고학보』 44.

_____, 2003, 「뇌부와 세종의 임질에 대하여」, 『역사학보』 178.

이성주, 2000, 「지석묘 : 농경사회의 기념물」, 『한국 지석묘 연구 이론과 방법』, 주류성.

이영문, 1983, 「섬진강유역의 선사유적유물 -곡성·구례·광양지방-」, 『향토문화』 8, 향토문화개발협의회.

_____, 1985, 「화순지방의 선사유적」, 『화순군 문화유적 지표조사 보고』.

_____, 1993, 「전남지방 지석묘 사회의 연구」, 한국교원대학교 박사학위논문.

_____, 2000, 「한국 지석묘 연대에 대한 검토」, 『선사와 고대』 14.

_____, 2011, 「호남지역 지석묘의 형식과 구조에 대한 몇가지 문제」, 『한국청동기학보』 8.

이우태, 2013, 「금석학적으로 본 광개토왕비 -비의 형태와 위치를 중심으로-」, 『광개토왕비의 재조명』 동북아역사재단 기획연구 56, 동북아역사재단.

이융조·하문식, 1989, 「한국 고인돌의 다른 유형에 대한 연구 -제단고인돌 형식을 중심으로-」, 『동방학지』 63, 연세대학교 국학연구원.

_____, 1991, 「보령지역의 고인돌문화 연구(Ⅱ)」, 『고고미술사론』 2, 충북대학교 고고미술사학과.

이주헌, 2011, 「함안 도항리 암각화」, 『한국의 암각화』 부산 경남 전라 제주편, 울
  산암각화박물관.

이필영, 1998, 「천안 역세권의 민속」, 『고고와 민속』 창간호, 한남대학교박물관.

_____, 2005, 「태백산천제단」, 『문화재대관』, 문화재청.

_____ · 한창균, 1988, 「바위구멍의 해석에 관한 시론 － 고고 · 민속 자료를 중심
  으로-」, 『사학지』 21, 단국사학회.

이현석, 1990, 「함평군의 고인돌과 고분연구」, 『전남문화재』 3, 전라남도.

이형우, 2007, 「영남지역 바위구멍 새김의 성격」, 『민족문화논총』 37, 영남대학교
  민족문화연구소.

임기환, 2011, 「울진 봉평리 신라비와 광개토왕비, 중원고구려비」, 『울진 봉평리
  신라비와 한국 고대 금석문』 울진봉평신라비 전시관 개관기념 학술대
  회 논총, 주류성.

장호수, 2003, 「북한지방의 지석묘」, 『지석묘 조사의 새로운 성과』, 제30회 한국
  상고사학회 학술발표대회.

조진선, 2010, 「인도네시아 숨바섬의 거석묘 조영과 확산과정」, 『고문화』 76, 한
  국대학박물관협회.

주채혁, 1973, 「거북 신앙과 그 분포」, 『한국민속학』 6, 한국민속학회.

최성훈, 2023, 「전남지역 상징 지석묘의 분포와 특징」, 『한국청동기학보』 32,

최숙경, 1966, 「영종도 운남리 지석묘」, 『김애마박사 이화근속 40주년 기념논문
  집』.

표인주, 1999, 「화순 지석묘 및 바위에 얽힌 전설」, 『화순 지석묘군』, 목포대학교
  박물관.

_____, 2010, 「암석의 신앙성과 서사적 의미 확장」, 『용봉인문논총』 36, 전남대
  학교 인문학연구소.

_____, 2013, 「지석묘 덮개돌의 언어민속학적인 의미」, 『호남문화연구』 53, 호남
  학연구원.

하문식, 1997, 「동북아세아 고인돌문화의 연구」, 숭실대학교 박사학위논문.

_____, 2002, 「청동기시대의 전개와 발전」, 『경기도사: 선사시대편』 1.

한흥수, 1935, 「조선의 거석문화연구」, 『진단학보』 3.

_____, 1936, 「조선석기문화개설」, 『진단학보』 4.

황용훈, 1972,「양주 금남리 지석묘 조사보고」,『경희사학』3.

황의호, 1999,「보령 지방 마을 신앙의 실태」,『고고와 민속』2, 한남대학교박물
　　　관.


〈발굴조사 보고서〉

경기문화재연구원, 2008,『오산 가장동 유적』.

　　　　　　　　　　, 2009,『안성 만정리 신기유적』.

경남고고학연구소, 2005,「함안 송정리 지석묘 시·발굴조사 보고서」,『함안지역
　　　조사』.

경남대학교박물관, 2006,『마산 가포동 청동기매납유적』.

　　　　　　　　　, 2013,『덕천리』.

경남발전연구원 역사문화센터, 2004,『문화유적분포지도 -남해군-』.

　　　　　　　　　　　　　　, 2007,『밀양 신안 선사유적』.

　　　　　　　　　　　　　　, 2010,『밀양 사포리유적』.

　　　　　　　　　　　　　　, 2015,『밀양 살내유적Ⅱ』.

경북대학교박물관, 2000,『진천동·월성동 선사유적』.

경상북도문화재연구원, 2005,「청도 유호리·내호리유적」,『대구-부산간 고속도
　　　로 건설구간(제4·5공구) 문화유적발굴조사보고서』.

　　　　　　　　　　　, 2012,『의성 초전리 지석묘』.

경주문화재연구소·국립경주박물관, 1994,『경주 다산리 지석묘』.

국립경주문화재연구소·동국대학교 경주캠퍼스 고고미술사학전공, 2021,『경주
　　　구황동 지석묘 공동발굴조사 보고서』.

국립광주박물관, 1989,「영광지방의 고인돌 지표조사」,『주암댐수몰지역내 고인
　　　돌이전복원보고서』.

　　　　　　　　, 2001,「고흥 도천리 지석묘」,『담양 용추사 기와가마터』.

　　　　　　　　, 2003,『보성 동촌리유적』.

　　　　　　　　·동북아지석묘연구소, 2016,『세계유산 고인돌』.

　　　　　　　　·백제문화개발연구원, 1984,『함평문화유적지표조사』.

국립김해박물관, 2010,『창원 봉산리유적』.

국립전주박물관, 1997,「곡성 연화리 지석묘」,『호남고속도로 확장구간(고서～순천간) 문화유적발굴조사보고서Ⅰ』, 전남대학교박물관.

국립창원문화재연구소, 1996,『함안암각화고분』.

_____, 1999,『창원상남지석묘군』.

_____, 2001,『진주 대평리 어은2지구 선사유적』.

군산대학교박물관, 2009,『고창군의 지석묘』.

대구대학교 중앙박물관, 2006,『문화유적분포지도 -경산시-』.

대동문화재연구원, 2014,『대구 파동 암음유적』.

대성동고분박물관, 2006,『김해 구관동유적』.

동북아지석묘연구소, 2012,『여수 월내동 상촌 지석묘Ⅲ』.

_____, 2016,『화순 효산리·대신리 지석묘군(5차)』.

동서문물연구원, 2011,『밀양 제대리유적Ⅰ』.

동신대학교박물관, 2003,『문화유적분포지도 -전남 함평군-』.

동아대학교박물관, 1998,『문화유적분포지도 -김해시-』.

동의대학교박물관, 1988,『김해내동2호큰돌무덤』.

명지대학교박물관, 1989,『안양평촌의 역사와 문화유적』.

목포대학교박물관, 1986a,『무안군의 문화유적』.

_____, 1986b,『영암군의 문화유적』.

_____, 1986c,『해남군의 문화유적』.

_____, 1987,『신안군의 문화유적』.

_____, 1989,『나주시의 문화유적』.

_____, 1992,『무안 월암리 지석묘』.

_____, 1994,『구례군의 문화유적』.

_____, 1997,『무안 성동리 안골 지석묘』.

_____, 1998,『문화유적분포지도 -전남 나주시-』.

_____, 1999,『문화유적분포지도 -영암군-』.

_____, 2004,『문화유적분포지도 -전남 영광군-』.

_____, 2006,『문화유적분포지도 -전남 무안군-』.

_____, 2008,『문화유적분포지도 -전남 신안군-』.

밀양대학교박물관 외, 2004,『가인리유적』.

부산박물관, 2009, 『범방유적』.

삼강문화재연구원, 2021, 『남해 당항리유적』.

삼한문화재연구원, 2012, 『영덕 우곡리 유적』.

성림문화재연구원, 2008, 『경주 화곡리 제단 유적』.

세종대학교박물관, 2000, 『이천지역 고인돌 연구』.

_____, 2003, 『평택 내천리』.

_____, 2007, 『하남 덕풍골 유적Ⅱ』.

순천대학교박물관, 1999, 『순천 연향동 대석 유적』.

안동대학교박물관, 2006, 『의성 성암리 고인돌떼 시·발굴조사보고서』.

영남대학교박물관, 2000, 「구미구평택지개발사업지구 문화유적발굴조사」, 『울산 봉계리유적』.

영남문화재연구원, 2003, 『울산 중산동 715-1번지유적』.

_____, 2017, 『성주 성산동유적』.

우리문화재연구원, 2009a, 『창녕 사창리 유적』.

_____, 2009b, 『밀양 용지리 유적』.

_____, 2011, 『산청 매촌리 유적』.

울산문화재연구원, 2005, 『울산향산리청룡유적』.

원광대학교 마한·백제문화연구소, 2005, 『문화유적분포지도 -고창군-』.

전남대학교박물관, 1979, 『광주 송암동주거지·충효동지석묘』.

_____, 1982. 『동복댐 수몰지구 지석묘발굴조사보고서』,

_____, 1993, 『영광군 문화유적 학술조사』.

_____, 1995, 『담양군 문화유적 학술조사』.

_____, 2002, 『광주 매월동 동산 지석묘군』.

전남대학교 호남문화연구소, 1985, 『나주군 문화유적지표조사보고서』.

전남문화재연구원, 2001, 『문화유적분포지도 -전남 담양군-』.

_____, 2005, 『문화유적분포지도 -전남 장성군-』.

_____, 2007, 『강진 수양리유적』.

전북대학교박물관, 1984, 『고창지방문화재지표조사보고서』.

조선대학교박물관, 1999, 『장성군의 문화유적』.

충청문화재연구원, 2005, 『홍성 장척리·상정리 유적』.

한양대학교박물관, 1985, 『광명 철산동 지석묘』.

한국문화재보호재단, 2000, 『서해안고속도로(남포-웅천)건설구간내 문화유적 발굴조사보고서』.

호남문화재연구원, 2004a, 『광주 신창동 지석묘』.

_____, 2004b, 『송현-남평간 도로확장공사사업지구 내 문화유적지표 조사보고』.

_____, 2005, 『무안 맥포리유적』.

_____, 2007, 『순창 내동리 지석묘』.

화순군, 1985, 『화순군 문화유적 지표조사 보고』.


〈중국어 단행본 및 논문〉

陶炎, 1981, 「遼東半島的巨石文化」, 『理論與實踐』 1.

武家昌, 1994, 「遼東半島石棚初探」, 『北方文物』 4.

遼寧省文物考古研究所, 1994, 『遼東半島石棚』, 遼寧科學技術出版社.

王成生, 2010, 「遼寧海城析木城石棚的性質與年代初探」, 『遼寧考古文集(二)』, 遼寧省文物考古研究所編, 科學出版社.

王獻堂, 1957, 「山東歷史和文物」, 『文物參考資料』 2.

陳大爲, 1991, 「試論遼寧"石棚"的性質及其演變」, 『遼海文物學刊』 1.

肖兵, 1980, 「示與大石文化」, 『遼寧大學學報』 2.


〈일본어 단행본〉

菊池市, 1982, 『菊池市史』 上卷.

大場磐雄, 1970, 『祭祀遺蹟 -神道考古學の基礎的研究-』, 角川書店.

_____, 1996, 『まつり』, 學生社.

梅野光興, 1998, 『身體と心性の民俗』 講座 日本の民俗學 2, 雄山閣.

三上次男, 1961, 『滿鮮原始墳墓の研究』 東北アジア史研究 第一, 吉川弘文館.

小泉顯夫, 1986, 『朝鮮古代遺蹟の遍歷 -發掘調査三十年の回想-』, 六興出版.

松尾禎作, 1957, 『北九州支石墓の研究』.

櫻井準也, 2011, 『歷史に語られた遺蹟・遺物』, 慶應義塾大學出版會.

佐賀市史編さん委員會, 1977, 『佐賀市史』第一卷, 佐賀市.

八木奘三郎, 1924, 『滿洲舊蹟志』上卷.


〈일본어 논문〉

間壁葭子, 1982, 「八・九世紀の古墳再利用について」, 『水野恭一郎先生頌壽記念
　　　　　　日本宗教社會史論叢』, 國書刊行會.

鏡山 猛, 1942, 「原始箱式棺の姿相」, 『史淵』27.

高島忠平, 1975, 「三日月町佐織の夜臼式土器」, 『新鄕土』319.

古谷淸, 1911, 「鹿部と須玖」, 『考古學雜誌』2-3.

國分直一, 1981, 「盃狀穴の系統とその象徵的意味」, 『えとのす』15, 新日本敎育圖
　　　　　　書.

　　　　　, 1990, 「呪術的表象としての盃狀穴との出會い」, 『盃狀穴考 ‒その呪術
　　　　　　的造形の追跡‒』考古民俗叢書, 慶友社.

近藤 忠・山口要八, 1951, 「野崎島巨石遺跡の紹介」, 『考古學雜誌』37-4, 考古學
　　　　　　會.

大石 徹, 2004, 「モニュメント研究の動向 ‒人類學を中心に‒」, 『時空をこえた對
　　　　　　話 ‒三田の考古學‒』慶應義塾大學民族學考古學專攻設立25周年記念
　　　　　　論集, 慶應義塾大學文學部民族學考古學研究室編, 六一書房.

大場磐雄, 1963, 「考古學から見た神社の起源」, 『月刊若木』176・178.

渡邊邦雄, 1995, 「石鏃を副葬したる古墳」, 『ETUDE』第一七號.

森田孝志, 1997, 「佐賀縣」, 『東アジアにおける支石墓の綜合的研究』, 九州大學文
　　　　　　學部考古學研究室.

桑原憲彰, 1979, 「熊本縣の支石墓」, 『考古學ジャーナル』161, ニューサイエンス
　　　　　　社.

松岡史, 1979, 「佐賀・福岡の支石墓」, 『考古學ジャーナル』161.

松前 健・安井良三, 1981, 「巨石信仰と古代祭祀」, 『東アジアの古代文化』28號.

櫻井準也, 2004, 「遺物の創造力 ‒傳說の生成に關わる遺構・遺物‒」, 『時空をこえ
　　　　　　た對話 ‒三田の考古學‒』慶應義塾大學民族學考古學專攻設立25周年

記念論集, 慶應義塾大學文學部民族學考古學研究室編, 六一書房.

柳田國男, 1963, 「民族學上に於ける塚の價値」, 『定本 柳田國男集』第一二卷, 筑摩
　　　　書房.

＿＿＿＿, 1969, 「狐塚の話(月曜通信)」, 『定本 柳田國男集』第一三卷, 筑摩書房.

齊藤 忠, 1932, 「石器に付加せられた呪術的意義」, 『人類學雜誌』四七卷 一二號.

＿＿＿, 1974, 「遺蹟に附加された神祕性, 遺蹟に對する觀念」, 『日本考古學史』,
　　　　吉川弘文館.

田村晃一, 1990, 「アジア巨石文化論序說」, 『アジアの巨石文化』, 高麗書林

＿＿＿＿, 1996, 「遼東石棚考」, 『東北アジアの考古學』第二〔槿域〕, 깊은샘.

鳥居龍藏, 1896, 「遼東半島」, 『太陽』2-15.

＿＿＿＿, 1926, 「朝鮮のドルメン」, 『東洋文庫歐文紀要』第一卷.

中谷治宇二郎, 1928, 「石器に伴う說話の發展」, 『民族』三卷三號.

中山平次郎, 1923, 「筑後國三井郡小郡村大板井の巨石」, 『考古學雜誌』13-10.

支石墓研究會, 1988, 「福岡市早良區所在の四箇船石について」, 『九州考古學』62,
　　　　九州考古學會.

陳 有貝, 2016, 「臺灣の巨石文化について」, 『九州考古學』91.

椙山林繼, 2007, 「石の信仰」, 『季刊考古學』99, 雄山閣.

清野謙次, 1955, 「古墳と迷信」, 『日本考古學·人類學史』下卷, 岩波書店.

坂田邦洋, 1978, 「長崎縣·小川內支石墓發掘調査報告」, 『古文化談叢』5, 九州古文
　　　　化研究會.

八幡一郎, 1952, 「北九州ドルメン見聞記」, 『考古學雜誌』38-4.

＿＿＿＿, 1987, 「ドルメン雜考」, 『人文學舍報』新2.

華玉冰, 2006, 「石棚に關するいくつかの問題の檢討」, 『東アジア考古學論叢』, 日
　　　　本奈良文化財研究所.

黃龍渾, 1976, 「韓半島先史時代の「性穴」考」, 『えとのす』7, 新日本敎育圖書.

許玉林, 1995, 「遼東半島石棚と大石蓋墓槪論」, 『東北アジアの考古學』日中共同
　　　　研究報告, 同朋舍出版.

〈일본어 발굴조사 보고서〉

久留米市教育委員會, 1990, 『石丸遺蹟』.

文化財保護委員會, 1956, 『志登支石墓群』埋藏文化財發掘調査報告 第四.

前原町教育委員會, 1989, 『長野川流域の遺跡群Ⅰ』.

正林護 編, 1975, 『里田原遺蹟』.

鳥居龍藏, 1917, 『朝鮮古蹟調査報告: 大正五年度古蹟調査報告 –平安南道黃海道
          古蹟調査報告書–』, 朝鮮總督府古蹟調査委員會.

宗像神社復興期成會, 1958, 『沖ノ島』宗像神社沖津宮祭祀遺蹟.

_____, 1961, 『續 沖ノ島』宗像神社沖津宮祭祀遺蹟.

宗像大社復興期成會, 1970, 『沖ノ島Ⅰ』宗像大社沖津宮祭祀遺蹟昭和44年度調査
          概報.

_____, 1971, 『沖ノ島Ⅱ』宗像大社沖津宮祭祀遺蹟昭和45年度調査
          概報.

_____, 1979, 『宗像 沖ノ島』第三次學術調査隊.

佐賀縣上峰村教育委員會, 1983, 『船石遺跡』.

坂本経曉, 1959, 『藤尾支石墓群』, 熊本縣旭志村教育委員會.


〈영어 단행본 및 논문〉

Arjun Appadurai, Ed. 1986, *The social life of things*; *Commodities in cultural perspective*, Cambridge University Press.

Christopher Tilley, 1996, The powers of rocks: topography and monument construction on Bodmin Moor, *World Archaeology Vol. 28(2)*: 161-176.

E W MacKie and A Davis, 1988, New Light on Neolithic Rock Carving, *Scottish Archaeological Journal 15*, Edinburgh University Press.

Howard Williams, 1998, Monuments and the past in early Anglo-Saxon England, *World Archaeology 30(1)*.

Hulbert, H.B., 1906, *The Passing of Korea*.

Mike Parker Pearson, 1993, The Powerful Dead: Archaeological Relationalships between the Living and the Dead, *Cambridge Archaeological Journal 3-2*, Cambridge University Press.

Richard Bradley, 1987, Time Regained: The Creation of Continuity, *Journal - British Archaeological Association 140(1)*, Maney Publishing.

_____, 2002, *The Past in Prehistoric Societies*, Routledge.

Richard Hingley, 1996, Ancestors and Identity in the Later Prehistory of Atlantic Scotland: the Reuse and Reinvention of Neolithic Monuments and Material Culture, *World Archaeology vol 28*.

ROBERT HEINE-GELDERN, 1959, *Das Megalithproblem*, in Beiträge Österreichs zur Erforschung der Vergangenheit und Kulturgeschichte der Menschheit, Horn.(竹村卓二 譯, 1962,「巨石問題」,『古代學』第10卷 第1號. 李光奎 譯, 1969,「메가릿트문제(Das Megalithproblem)」,『文化財』4, 國立文化財研究所.)

Ruth M. Van Dyke and Susan E. Alcock, 2003, *Archaeologies of Memory*, Blackwell Publishing.

Sarah Semple, 1998, A fear of the past: the place of the prehistoric burial mound in the ideology of middle and later Anglo-Saxon England, *World Archaeology 30(1)*.

Underwood, H. G., 1910, *The Religion of Eastern Asia*.

Vicky Crewe, 2012, *Living with the Past*: *The Reuse of Prehistoric Monuments in Anglo-Saxon Settlements*, BAR British Series 573.

Williams, G., 1988, *The Standing Stones of Wales and South-West England, Oxford*, BAR 197.

W. R. Carles, 1888, *Life in Corea*, Macmillan Co., London.(신복룡 역주, 1999,『조선풍물지』, 집문당.)